Wirtschaftspsycholgie & Compliance

Patrick Henz

Erstauflage

ISBN: 1547081953
ISBN-13: 978-1547081950

INHALT

VORWORT

Die Nachricht ist auf dem ersten Blick recht einfach, Bestechung und Korruption sind verboten. Interne Richtlinien basieren auf externen Gesetzen. Allerdings reicht das reine Erklären dieser Vorgaben oft nicht aus, da trotz besseren Wissens auch „gute Mitarbeiter schlechte Taten“ vollbringen können. Deswegen basiert die Compliance Funktion in erster Linie nicht auf Dokumenten, sondern hat den Menschen im Fokus.

Mitarbeiter sind in ihren Unternehmen diversen psychologischen Effekten ausgesetzt. Insbesondere eine Kombination dieser kann die Individuen negativ beeinflussen und sie blind gegenüber dem Verstoß von Werten und ethischen Grundsätzen machen.

Doch Compliance ist nicht wehrlos. Mit entsprechendem Wissen können Mitarbeiter gestärkt werden und sie damit gegen diese Effekte und Versuchungen schützen. Das Buch präsentiert die diversen psychologischen Bias und wie das Unternehmen diese minimieren und / oder seine Mitarbeiter bestmöglich vorbereiten kann.

EINS - EINLEITUNG

Patrick Henz

1.1 Der Mensch

Wir befinden uns am Anfang einer neuen Automatisierungswelle. Im Gegensatz zu den vorherigen, werden nicht nur die typischen Fließband-Positionen betroffen sein, sondern vielmehr vermehrt Büropositionen. Insbesondere Tätigkeiten mit wiederkehrenden Aufgaben und solche, welche hauptsächlich auf der Anwendung öffentlichen Wissens beruhen. Künstliche Intelligenz und Maschinenlernen ermöglicht dies.

Dank dem technischen Fortschritt kann Software den Menschen schon bei Schach und Poker schlagen. Trotzdem aber ist das menschliche Gehirn noch immer der effektivste Supercomputer. Schach ist ein komplexes Spiel, auf der anderen Seite aber mit einem klar definierten Regelwerk. Bisher ist der Mensch noch unschlagbar, wenn es darum geht, komplett unterschiedliche Aufgaben zu bewältigen.

Analog zu Computern ist auch das menschliche Gehirn anfällig für Viren. Selbstverursachter Stress, aber auch ein gezielter Angriff von Trickbetrügern kann Fehlverhalten auslösen, gleich einem Computervirus. Stress behindert die Möglichkeit logisch zu denken. Wahrnehmung ist subjektiv und beinhaltet immer das Zusammenwirken von Augen mit Gehirn. Eine Beeinträchtigung einer Seite bedeutet daher eine Fehlwahrnehmung. Bei Augen ist dies meistens ein langfristiger Prozess, welchem mit einer entsprechenden Brille entgegengewirkt werden kann. Langfristig hängt Wahrnehmung von Erwartungen ab, was im Extremem bis hin zu Halluzinationen und Geisteskrankheiten führen kann. Im

Gegensatz dazu, führt Stress zu einer kurzfristigen Beeinträchtigung der Wahrnehmung. Von einem Moment zum anderen kann ein Individuum aus seiner Komfortzone gerissen werden und sich in einer absoluten Paniksituation befinden. Um möglichst schnell diese unangenehme Position zu verlassen, werden Entscheidungsprozesse nur rudimentär durchgeführt und die erstbeste Lösung ausprobiert, ohne alle längerfristigen Konsequenzen bedacht zu haben.

Gefährlich ist aber nicht nur die potentielle Paniksituation. Wahrnehmung beruht auf Lernen. Wenn im Laufe der Zeit Situationen falsch gelernt werden, kann dies dazuzugehören, dass bei einem spezifischen Schlüsselreiz falsche Skripte ausgeführt werden.

Wirtschaftspsychologie & Compliance

1.2 Der Wald

Basierend auf ihrer Geschichte wird es Deutschen nachgesagt ein besonderes Verhältnis zu ihrem Wald zu haben. Hier war es, wo im Jahre 9 die Germanen unter ihrem Anführer Armenius die legendären römischen Truppen schlugen. Noch heute sind 32% des Landes bewaldet[1] und Forstwirtschaft wird an Universitäten gelehrt. Daher ist es nicht verwunderlich, dass der deutsche Poet Christoph Martin Wieland die Redewendung *„den Wald vor lauter Bäumen nicht sehen"* erfand. Damit kann man das Phänomen auf den Punkt bringen, dass durch das Zusammenwirken einer Unzahl von Kleinigkeiten das Individuum nicht mehr fähig ist, den großen Zusammenhang zu erkennen. Dies nicht bedingt durch fehlende intellektuelle Fähigkeiten der Person, sondern vielmehr durch einer Kombination verschiedener psychologische Einflüsse, wie z.B. Zeit-, Gruppen-, Leistungs-, Rollen-, Autorität-s oder Konformitätsdruck.

Verschiedene Psychologen haben diese Bias durch ihre Experimente bestätigt. Die Interaktion dieser Effekte führt zu der Situation, dass *„gute Menschen schlechte Dinge tun"*, auch bekannt als *„Ethische Blindheit"*.

Ein Thema, welches nicht nur Wissenschaftler aufgriffen, sondern auch Künstler. Robert Smith von The Cure fasste es 1980 in dem Song *„The Forest"* in Worte: *„Zwischen die Bäume, plötzlich halte ich still, aber ich weiß, dass es zu spät ist. Ich bin verloren*

[1] Bundesministerium für Ernährung für Landwirtschaft (fetched 24.2.2017): Waldland Deutschland – Waldfläche konstant

im Wald. Ganz alleine." Eine perfekte Definition für Ethische Blindheit.

Bedingt durch das Problem den Wald vor lauter Bäumen nicht zu erkennen, besteht die Gefahr einen Schritt in die falsche Richtung zu machen. Mit jedem weiteren Schritt verlässt das Individuum den Pfad von Gesetz und Vorschriften. Zum richtigen Weg zurückzufinden wird mit jedem dieser Schritte schwieriger, da der Einzelne sich und der Gesamtheit zugeben muss die gegebenen Vorgaben missachtet zu haben.[2]

Drei Jahre nach The Cure erstellte der Musiker und Spieldesigner Paul Norman das Computersiel *"Forbidden Forest"*. Dank der Kombination verschiedener Kunststile, war der Titel eines der ersten, welches nicht nur Wert auf Spielbarkeit und Grafik legte, sondern auch einem passenden Soundtrack. Das Ergebnis war ein Spiel, so dunkel wie der Post Punk von The Cure. In seinem Wald, erschienen hinter den diversen Bäumen Geister, Skelette und Riesenspinnen. Ein weiteres relevantes Bild, als im Wald Risiken und Versuchungen warten, wie z.B. Sprachbarrieren, Beschleunigungszahlungen, Korruption, fordernde Kunden, starke Mitbewerber und sogar Sicherheitsbedenken. Alles Faktoren, wie geschaffen um den ehrlichen Mitarbeiter vom rechten Pfad wegzulocken. Ähnlich wie im Film „Blair Witch" von 1999, kann der Wald die Endstation bedeuten, da Vergehen gegen FCPA (*"Foreign Corrupt Practices Act"*, das US-amerikanische Anti-Korruptionsgesetz) und anderen lokalen Gesetzen direkt ins Gefängnis führen können.

---

[2] Henz, Patrick (2016): "Compliance is a Race Car."

Der Wald bleibt relevant, da menschliche Mitarbeiter nicht durch berechenbare Roboter ersetzbar sind. Wir können kein *„Agent Orange"* einsetzen um alle psychologischen Drücke auszumerzen, da dies auf der anderen Seite auch Einfallsreichtum, Kreativität und Integrität betreffen würde.

Gleich dem Märchen von Hänsel und Gretel muss das Unternehmen, und besonders seine Ethik & Compliance Abteilung, Brotkrümel verteilen, so dass Mitarbeiter sich nicht im Wald verlaufen. Wenn man den rechten Pfad verlassen hat, muss es so einfach wie möglich sein, wieder auf diesem zurückzukommen. Dies ist erreichbar, wenn der Compliance Officer als *„vertrauenswürdiger Berater"* wahrgenommen wird. Wichtig ist, dass ein bestimmtes Niveau von Vertrauen existiert, dass ein versehentlicher Verstoß einer Richtlinie, z.B. durch fehlendes Wissen, als Unfall behandelt wird und nicht automatisch zu einer disziplinären Maßnahme führt.

Daher sollte der Fokus auf Vorbeugung liegen. Gleich dem zweiten Teil der *„Hobbit"*-Filmologie, müssen Mitarbeiter sich von ihrem täglichen Tätigkeiten von Zeit zu Zeit befreien und hoch auf einen Baum klettern, um einen Überblick zu gewinnen und den Wald als solchen wahrnehmen, was mehr ist, als nur eine Ansammlung von Bäumen. Dies ist nur möglich, wenn keine solcher Bäume unserem Blick im Weg stehen. Mit dieser klaren Übersicht ist erkennbar welche Direktion und Weg uns aus dem Wald herausführt.

2 PSYCHOLOGISCHE BIAS

2.1 Gelernte Hilflosigkeit: Hunde & Lemminge

Das britische Softwarehaus Psygnosis veröffentlichte in 1991 „*Lemmings*" für die populären 16Bit-Computer Commodore Amiga und Atari ST. Daneben auch für die langsam an Bedeutung gewinnenden PCs. Der Spieler hatte die Aufgabe die kleinen grünen Figuren sicher vom Start zum Zielpunkt zu steuern. Da sie leider keinerlei eigenen Willen hatten, war man gefordert unter Zeitdruck Brücken, Leitern, und Stopper auf dem Weg einzubauen. Falls nicht, fielen die Lemminge automatisch in tiefe Löcher oder liefen über den Abgrund. War dies geschafft, begann ähnliches auf einem schwierigeren Level. Das Spiele verkaufte sich für die diversen Plattformen insgesamt über 15 Millionen Mal, so dass diverse Fortsetzungen erschienen, inklusive später auch eine Version für die Sony Playstation. Dank Abwärtskompatibilität ist diese 3D-Version auch auf der aktuellen PSP4 spielbar.

Für einen Compliance Officer ist ein Büro voll mit Lemmingen ein Alarmsignal. Sie folgen allen Anweisungen ihrer Vorgesetzten. Dies ohne zu überlegen, ob diese eventuell gegen Richtlinien, Gesetzte oder den gesunden Menschenverstand verstoßen.

In den 60er Jahren bestätigten die beiden Psychologen Martin Seligman und Steve Maier, dass Selbstbewusstsein, wie auch gelernte Hilflosigkeit, gelernt sind. Sie benutzten Hunde für ihr Experiment und teilten sie in drei Gruppen auf. Hierbei erhielten die Gruppen „2" und „3" Elektroschocks. Der Unterschied war, dass die Hunde der zweiten Gruppe die

Möglichkeit hatten, diese Schocks zu beenden, indem sie einen Knopf betätigten. Die Hunde der dritten Gruppe hatten nicht die Möglichkeit, die Elektroschocks mit eigenem Verhalten zu beeinflussen. Daher empfanden sie diese als zufällig und unausweichlich.

In einem zweiten Schritt änderten die Wissenschaftler den Aufbau des Experiments. Jetzt hatten die Hunde der drei Gruppen die einfache Aufgabe mit einem Sprung über einen niedrigen Zaun die Fläche mit den Elektroschocks zu verlassen. Die Hunde der ersten beiden Gruppen (Gruppe „1" erhielt keinerlei Elektroschocks vorher, Gruppe „2" konnte diese Schocks abstellen) hatten kein Problem mit der Aufgabe. Nur die der dritten zeigten ein abweichendes Verhalten. Als sie vorher die Schocks als unausweichlich gelernt haben, versuchten sie jetzt nicht der Situation zu entkommen, sondern legten sich hin und ergaben sich der Situation.[3]

Selbstbewusstsein und gelernte Hilflosigkeit sind ein Ergebnis klassischer Konditionierung. Dies ist relevant, da nicht alle Gruppen & Gesellschaften Kritik & Redefreiheit die gleiche Wichtigkeit zuordnen. Ähnlich zu den Hunden des Experiments lernen auch Menschen Hilflosigkeit. Als Ergebnis von Aktion und Gegen-Aktion, ist Straflosigkeit eine ernste Bedrohung für die Implementierung einer „Stand Up"-Kultur, unabhängig ob dies in einer Gesellschaft, Organisation oder Unternehmen geschehen soll.

Die mexikanische Universität *„Universidad de las Americas*

---

[3] Seligman, Martin / Maier, Steve (1967): "Failure to escape traumatic shock"

Puebla" (UDLAP) hat in 2015 einen globalen Straflosigkeitsindex erstellt. Die Liste wird angeführt von den Philippinen, Mexiko, Kolumbien, Türkei und Russland. Auf der anderen, und diesem Fall positiven, Seite Kroatien, Slowenien, Tschechien, Montenegro und Bulgarien. Deutschland ist nicht berücksichtigt und die USA landete auf einem schwachen 15. Platz, was eine überdurchschnittliche Straflosigkeit bedeutet.[4] Der Index beinhaltet 59 Länder und erlaubt einen Einblick in die lokale Korruption. Transparenz ist ein erster Schritt, aber er ist nicht damit getan Korruption zu identifizieren, es muss auch adäquate Reaktionen hierauf erfolgen. Um eine positive Unternehmenskultur zu gewährleisten, ist es wichtig, dass alle Verstöße gegen die Richtlinien eine angemessene Antwort erhalten. Es ist nicht hinnehmbar, dass bestimmt Mitarbeiter über diesen Anweisungen stehen. Besonders, da alle Richtlinien im Endeffekt auf den Werten, Vision und Mission der Organisation beruhen. Nur wenn dies gegeben ist, nehmen die Mitarbeiter die Ethik & Compliance Abteilungen als hilfreichen Partner war.

Um den Lemmingen einen kompletten *„Make Over"* zu verspassen, bedarf es eines hohen und ehrlichen Einsatzes eine positive Unternehmenskultur zu implementieren. Unter Umständen kann dies einen 180 Grad Wechsel benötigen, was nicht über Nacht erreichbar ist. Es bedarf Zeit, so dass ein Großteil der Mitarbeiter den Wechsel als real annimmt und der neuen Kultur vertraut. Auch werden wahrscheinlich nicht alle Mitarbeiten den vorgezeichneten Weg folgen können und so das Unternehmen innerhalb des Prozesses verlassen. Dies kann

[4] UDLAP (2015): "Índice Global De Impunidad (IGI) 2015"

freiwillig erfolgen oder als Folge eines Regelverstoßes, welcher früher nicht geahndet wurde. Obi Want-Kenobi hat eins die relevante Frage gestellt: *„Wer ist der größere Thor … der Thor, oder der Thor, der im folgt?“*[5]

Aber der Aufwand lohnt sich, da eine offene und positive Unternehmenskultur gewährleistet, dass Mitarbeiter nicht nur den Richtlinien folgen, sondern vielmehr von den Werten überzeugt sind. Ebenfalls hat man Vertrauen in die angebotene Whistleblower Hotline. Dies ist nötig, nur wenn Mitarbeiter vertrauen, dass es nicht nur keine negativen Folgen für sie gibt, aber vielmehr die Organisation ein ehrliches Interesse hat dem Fall nachzugehen und das potentielle Problem zu beheben, sind sie motiviert bei Bedarf diese Hotline zu benutzen:

Erwarteter Vorteil durch die Benutzung der Hotline > Kosten durch die Benutzung dieser

Dies ist wiederum ähnlich zu einem anderem berühmten Hunde Experiment. Der russische Wissenschaftler Iwan Petrowitsch Pawlow trainierte seinen Hund, dass jedes Mal (in Variationen zu dem Originalexperiment: in den meisten Fällen), wenn er die Glocke läutet dieser Futter erhält. Als Folge davon antizipiert der Hund mit der Glocke das Erhalten dieses. Dies ist objektiv messbar durch den Speichelfluss im Maul.[6]

---

[5] Lucas, George (1977): "Star Wars"

[6] Pavlov, Iwan Petrowitch (1910): "The Work of the Digestive Glands"

2.2 Endhumanisierung: Kafka und die dunkle Seite

Besonders in der Implementierung eines Compliance Programms kann man hören, dass Mitarbeiter dieses neue Programm oder Abteilung als die „Dunkele Seite“ betiteln. Offensichtlich in Anlehnung an die *„Krieg der Sterne“*-Filme, insbesondere die Szene wo Darth Vader seinen Sohn Luke Skywalker überzeugen wollte, mit ihm das Imperium zu regieren. Wenn man weiterdenkt, erinnert dies aber mehr an die Werke des tschechischen Autoren Franz Kafka. Für Mitarbeiter erscheint es widersprüchlich, dass ein Unternehmen oder Organisation mehr Transparenz ausgerechnet mit mehr Bürokratie erreichen will. Eine Anzahl neuer unbekannter Compliance Richtlinien verhindert, dass die Mitarbeiter sich alle Einzelheiten merken können. Dies provoziert Verstöße, worüber dann unbekannte und so „gesichtslose“ Personen (oft in den Hauptniederlassungen) richten. Hinzukommt, dass solche Prozesse und Tools von unbekannten Zentralfunktionen erdacht werden, diese dann aus Sicht der lokalen Angestellten nur wenig mit den Geschäftsrealitäten zu tun haben und diese gar behindern.

Die Angestellten interpretieren die Situation, dass ihre Möglichkeiten selbst Entscheidungen zu treffen beeinträchtigt wird. Durch die Prozesse wird mehr geregelt, was dazu führt, dass persönliche Werte und Einstellungen zurückgehen. Wenn man dem nicht entgegengewirkt, hat man ein reines *„Check-the-Box“*-Compliance System. Ein Risikofaktor, da nicht alle potentiellen Situation vorweg definiert werden können und hier die Mitarbeiter auf ihre Werte und Einstellungen angewiesen sind. Die US-amerikanische Börsenaufsichtsbehörde („United States Securities and Exchange Commission") hat in 2015 definiert, dass ein solcher reiner Kontrollansatz für ein Unternehmen nicht ausreichend ist, da dieser keinen ausreichenden Schutz gegen Korruptionsfälle bietet.[7]

Aachen

Das Problem der Endhumanisierung wurde in dem berühmten Stanford Prison Experiment" von Professor Philip Zimbardo bestätigt. Zufällig ausgewählte Teilnehmer wurden in zwei Gruppen eingeteilt, in Gefängniswächter und Einsitzende. Das simulierte Gefängnis wurde in den Räumen der Psychologiefakultät eingerichtet und die Teilnehmer begannen schnell sich nach den gängigen Stereotypen (bekannt aus Film und Fernsehen) zu verhalten. Das Rollenverhalten wurde durch die entsprechende Kleidung, inklusive verspiegelter Sonnenbrillen für die Wärter, unterstützt. Die Gefangenen probten den Aufstand und die Wärter antworteten mit

[7] U.S. Securities and Exchange Commission (2015): "SEC Charges BHP Billiton With Violating FCPA at Olympic Games"

übertriebener Härte. Als Konsequenz wurde das Experiment vorzeitig abgebrochen.[8] Die Geschichte diente später als Vorlage für den deutschen Film *„Das Experiment"*.[9]

Die Ergebnisse sind interpretierbar, dass Menschen sich an Rollen oder Skripte halten, besonders wenn sie unsicher sind und nicht über ausreichend Information verfügen. Bei einer Situation niedrigen Involvements können Rollen zu einer kognitiven Entlastung führen.

In Unternehmen gibt es unterschiedliche Job Funktionen, welche oft mit klassischen Rollen assoziiert werden, z.B. Top Management, Vertrieb, IT oder Einkauf. Ohne weitere Information, haben die meisten Menschen eine Vorstellung wie ein Verkäufer aussieht, sich benimmt und was dessen Erfolg ausmacht. Die Rolle hilft dem entsprechenden Mitarbeiter nicht nur als Definition, wie er oder sie sich zu verhalten hat, sondern setzt die Person auch unter Druck, da man diesen Ansprüchen gerecht werden möchte. Nach allgemeinem (Selbst-)Verständnis ist es die Rolle des Verkäufers zu verkaufen. Falls dies, z.B. durch widrige Umstände, nicht möglich ist, führt dies zu einem erhöhtem Stressniveau.

Die meiste Zeit über befinden sich Mitarbeiter, wie Menschen im Allgemeinen, in ihrer Komfortzone. Die Situation (Ort, Aufgaben, Mitmenschen) ist bekannt und für alle Aufgaben gibt es mehr oder wenige zutreffende Verhaltensskripte. Ein

[8] Zimbardo, P.G. (1971): "The power and pathology of imprisonment"

[9] Hirschbiegel, Oliver (2002): "Das Experiment"

nichterfolgreicher Verkaufsmitarbeiter hat seine vorhandenen Skripte benutzt und mit keinem die wahrgenommenen Ziele erfüllt. Als Folge davon befindet sich der Mitarbeiter nicht mehr in der Komfort- sondern in der Panikzone. Erhöhter Stress behindert oder blockiert gar die Möglichkeit zu logischem Denken. Das Individuum möchte der Verkaufsrolle gerecht werden und sucht neue Möglichkeiten dies zu erreichen. Überschreitung interner Richtlinien oder gar Bestechungszahlen werden als Möglichkeiten in Erwägung gezogen. Besonders in Regionen mit erhöhter Korruption erscheinen diese als schnelle Optionen aus der ungeliebten Panikzone wieder zurück zu Komfort zu gelangen. Der Wunsch einer schnellen Lösung verhindert, dass die illegalen Handlungen genügend hinterfragt werden, insbesondere bzgl. Nachhaltigkeit.

Die Betrachtung von Franz Kafka hilft uns die Risiken zu minimieren. In Situationen zunehmender Anonymisierung, muss Ethik & Compliance den Trend wenden. Korruption ist kein gesichtsloses Verbrechen, es ist relevant die Gesichter der Opfer bildhaft zu präsentieren. Diese beinhaltet auch die Mitarbeiter des Unternehmens selber, da Reputationsverlust und Strafmaßnahmen die Organisation empfindlich treffen. Dies da nötiges Budget für Zukunftsinvestitionen und Löhne fehlen. Ein konsequentes Kontrollsystem ist daher nicht nur ein ethischer Imperativ, sondern auch ein Zeichen von Respekt, welches der Arbeitgeber seinen Angestellten zollt. Dies beinhaltet, dass die Richtlinien so robust wie nötig und so unbürokratisch wie möglich sind. Mitarbeiter werden als Menschen behandelt und können sich damit in ihren Aufgaben entfalten.

Compliance Training und Kommunikation sollten nicht nur zur reinen Informationsvermittlung dienen, sondern vielmehr als Möglichkeit zur Mitarbeitermotivation über die Folgen der Kosten der Korruption nachzudenken. Wie z.B. verlangsamtes Wirtschaftswachstum, aber auch menschliche Schicksale wie Armut, ungeahnte Straftaten, bis hin zu Mord. Empathie und Interesse an den übergreifenden Zusammenhängen führt zu erhöhtem Involvement und einem ausführlicherem Entscheidungsprozess. Ein solcher kann verhindern, dass vorschnell kurzsichtiges beschlossen wird. Wie Stephen Hawking feststellte: *„Der größte Feind von Wissen ist nicht Ignoranz, sondern die Illusion von Wissen."*

Eine weitere wichtige Funktion des Trainings ist, dass der oder die Ethik & Compliance Officer sich nicht nur als Experte darstellen kann, sondern weiter als Partner und Kollege. Compliance wird ein Gesicht zugeordnet, was ein Ausweg aus dem kafkaschen Universum darstellt.

Als letztes muss der Mitarbeiter sich selber wieder als menschliches Individuum begreifen und nicht nur als eine Rolle. Natürlich nimmt die Arbeitszeit einen großen Teil des täglichen Ablaufes ein. Trotzdem sollte man vermeiden sich ausschließlich über die Arbeit zu definieren. Neben der Aufgabe in der Vertriebsabteilung gibt es alternative Anforderungen von Familie, Gesellschaft, aber auch Management. So ist der Anspruch an den Mitarbeiter nicht nur heute erfolgreiches Geschäft zu tätigen, sondern vielmehr den Grundstein für nachhaltigen Erfolg zu legen. Es gilt diesen langfristigen Erfolg nicht durch kurzfristige Projekte aufs Spiel zu setzen.

Dies macht klar, dass eine Enthumanisierung alle Mitarbeiter desmotiviert, inklusive der Compliance Mitarbeiter. Wenn die Funktion dieser sich auf Anwendung nicht-effizienter Richtlinien beschränkte, anstatt die aktive Risikominimisierung mit dem Menschen im Mittelpunkt, verwandelt sich diese Compliance Mitarbeiter am Ende in graue Maschinen, welche, falls möglich, von ihren Kollegen gemieden werden. Im Zuge der nächsten Automatisierungswelle, würde eine solche Compliance Funktion durch Künstliche Intelligenz ersetzt werden.

Zurück in 1977, eroberte der Krieg der Sterne die Kinos. Es war der Start eines globalen Phänomens der Pop Kultur. In einen der vielen Schlüsselszenen erklärte Han Solo Obi Wan Kenobi und Luke Skywalker die technischen Spezifikationen des Millennium Falcon. Luke überzeugte dies nicht, Han und sein Schiff zu rekrutieren, besonders da der gewünschte Preis hoch war. Als er vorschlug nur das Schiff zu mieten, aber ohne seine Crew, war Hans einfache Frage: *„Aber wer soll es fliegen, Kind?"*

Diese Frage ist eine gute Erinnerung, dass auch das effizienteste Compliance Programm, mit all seinen Werkzeugen und Prozessen nur so gut ist wie seine Mitarbeiter. Alles hängt vom menschlichen Faktor ab, da die Compliance Mitarbeiter die Unternehmenskultur vorleben müssen. Dies unterstützt von Top- und Mittelmanagement. Nur wenn dies gegeben ist, folgen die Mitarbeiter.

Der US-amerikanische Ingenieur, Statistiker und Managementberater William Edwards Deming fasste seine

Erfahrung im *„System des profunden Wissens"* zusammen. Hier hängt die Effizienz eines Systems vom interaktiven Zusammenwirken dessen vier Faktoren ab:

- Anerkennung des Systems,
- Wissen der möglichen Variationen,
- Theorie des Wissens und
- Psychologische Theorien.[10]

Auf dem ersten Blick kann dies dahingehend interpretiert werden, dass Menschen zum Teil des Systems degradiert werden, gleich einer Enthumanisierung der Arbeitswelt. Im Gegenteil dazu, argumentiert Deming, dass jeder Mitarbeiter das Recht hätte, mit seiner Arbeit glücklich zu werden. Um die Effizienz des Systems zu optimieren, muss der Unternehmer die potentiellen Barrieren entfernen, welche die Mitarbeiter daran hindern sich mit ihrer Arbeit selbst zu verwirklichen. Der Mensch mit all seinen Talenten ist der relevante Faktor, um dem System zum Erfolg zu verhelfen.[11]

Deming trat hiermit für die Humanisierung des Systems ein. Basierend hierauf muss ein Compliance System seinen Mitarbeitern genug Platz zum Atmen geben, so dass diese ihre Werte (welche kompatibel zu den Unternehmenswerten sein sollten) ausleben können. Anstatt Mitarbeiter zu limitieren, müssen Richtlinien diese schützen, indem sie einen sicheren Raum definieren, wo Mitarbeiter gefahrlos ihr Wissen anwenden und Kreativität ausleben können.

---

[10] Deming, William (2000): "The New Economics for Industry, Governance, Education"

[11] Hunter, John (2012): "Managing Human Systems"

Patrick Henz

2.3 Mitarbeiter des Monats

Seit unserer Geburt stehen Individuen im Wettbewerb. In der Evolution hat es sich als vorteilhaft erwiesen, dass Gewinnen als attraktiv wahrgenommen wird, da so sich die optimal angepassten Spezies durchsetzen konnten. Dies hat zur Folge, dass der Wunsch nach Wettbewerb tief verwurzelt ist, auch wenn praktisch kein messbarer Gewinn in Aussicht steht. Mitarbeiter vergleichen sich fortlaufend mit internen Kollegen, aber auch externen Personen.

Viele Unternehmen fördern den Wettbewerb unter den Angestellten, z.B. durch Auszeichnungen wie *„Mitarbeiter des Monats"* oder allgemein Gewinnprämien. Dies mit der Idee, dass die Individuen sich motivieren und ihre Potentiale ausschöpfen. Auf der anderen Seite führt dies aber zu dem Risiko, dass übermotivierte Mitarbeiter Regeln brechen. Anschauliche Beispiele gibt es in Spiel und Sport, besonders dort, wo der Sportler sich in Bruchteilen von Sekunden entscheiden muss. Kommend von Geschwindigkeit und Konsequenzen, Formel 1 und Wirtschaft zeigen viele Gemeinsamkeiten.[12] Anschauliche Beispiele können herangezogen werden, dass übermotivierte Mitarbeiter diverse rote Linien überschritten haben. Selbst Personen mit hohen ethischen Ansprüchen. Ayrton Senna hat sich für viele soziale Projekte engagiert. Sein Teamkollege Gerhard Berger hat einmal über ihn gesagt, dass *er vor dem Rennen die Bibel liest, aber*

---

[12] Henz, Patrick (2017): "Compliance is a Race Car."

im Rennen Dir über den Kopf fährt. Alle supererfolgreichen Piloten wären so.

- 1989: Ayrton Senna musste den vorletzten Formel – Lauf in Suzuka gewinnen, um seine Chancen auf die Meisterschaft aufrecht zu halten. Vor eine Chikane versuchte er seinen Konkurrenten Alan Prost zu überholen (beide auf McLaren Honda). Wissend, dass es zu einem Zusammenstoß kommen musste, machte Prost den Weg zu und es kam zur unausweichlichen Kollision. Prost stieg aus dem Wagen und Senna versuchte noch wieder zurück ins Rennen zu kommen, wurde dann aber disqualifiziert. Titel für Prost.

- 1990 dann die Revanche. Dieses Mal war es Prost (auf Ferrari), wer den japanischen Grand Prix gewinnen musste, um noch Chancen auf den Titel zu haben. Dieses Mal provozierte Senna die Kollision. Ergebnis war der spätere Titel für den brasilianischen Fahrer.

- 1997: Der europäische Grand Prix sah das Finale das Weltmeisterschaftsfinale. Beide, Jacque Villeneuve (Williams) und Michael Schumacher (Ferrari) konnten mit einem Sieg hier gleichzeitig auch die Meisterschaft gewinnen. Schumacher führte das Rennen an, wurde dann aber langsamer aufgrund eines technischen Defekts. Es war klar, dass es nur eine Frage der Zeit war, bis Villeneuve ihn überholen würde. Runde per Runde kam dieser näher und setzte dann zum Überholmanöver an. Schumacher machte den Weg zu, da ein Ausfall beider die einzige Möglichkeit war, dass er noch den Titel erringen konnte, der erste Titel für Ferrari seit 1979. Der Plan funktionierte nur teilweise.

Beide Fahrer schieden zwar unfallbedingt aus, aber Schumacher wurde später disqualifiziert, nicht nur für das einzelne Rennen, sondern für die gesamte Meisterschaft. Titel für Villeneuve.[13]

1997: Ferrari F310B

Auch wenn die Versuchung groß ist, sich fortlaufend mit anderen messen zu wollen, muss es den Mitarbeitern klar sein, dass es nicht darum geht Rennen zu gewinnen, sondern Meisterschaften. Nachhaltigkeit ist gefragt. Dies kann unter Umständen auch bedeuten, dass man bei einzelnen Rennen nicht antritt oder bei Halbzeit den Wagen abstellt. Im Privatleben und für die Firma sollte man sich seine Rennen gezielt aussuchen.

[13] Henz, Patrick (2016): "Business Philosophy according to Enzo Ferrari"

2.4 Eiszeit

Unter Eskimos ist weitgehend bekannt, dass der bester Platz für übrig gebliebenes Fleisch der Magen anderer ist.[14] Für einen Angehörigen einer Jagdkultur ist es eine nachhaltige Strategie die Resultate einer erfolgreichen Jagd zu teilen, anstatt sie einzufrieren, was aufgrund der Gegebenheiten ja möglich wäre, und es später zu verzehren. Dies da das Jagdglück sich schnell wenden kann. Speziell in der Eiszeit konnte ein Jäger Tage oder Wochen umherziehen ohne ein Tier zu erlegen. Entweder man trifft keine potentiellen Jagdbeute, oder sie sind zu schnell oder zu groß um sie alleine zu erledigen. Der einzelne hängt vom Wohlwollen der anderen ab, damit diese ihm bei Bedarf Fleisch abgeben und in ihre Jagdgesellschaften aufnehmen um große Mamuts zu jagen.

Der moderne Mensch hat sich aus den eiszeitlichen Jägern entwickelt und dessen Instinkte sind noch immer vorhanden. Am besten fühlen wir uns, wenn ein Gleichgewicht zwischen erhaltenen und gegebenen Geschenken besteht. Wenn wir gefühlt von einer Seite mehr Geschenke erhalten als wir gegeben haben, befinden wir uns in einem psychologischen Ungleichgewicht. Bewusst oder unterbewusst möchten wir wieder ins Gleichgewicht zurück, um das Risiko zu vermeiden, dass wir eines Tages soweit übervorteilt wurden, dass die Gruppe die Beziehung mit uns enttäuscht abrechen möchte. Rational kann dies geschehen, dass man bewusst ein Geschenk kauft oder einen anderen Vorteil verteilt. Dies kann legal sein

[14] Wright, Robert (2001): "Nonzero - The Logic of Human Destiny"

oder nicht. Letztes wäre ein unverhältnismäßiger Vorteil aufgrund einer Bestechung.

Eventuell gefährlicher ist, dass solche Prozesse auch im Unterbewusstsein ablaufen. Aufgrund regelmäßig erhaltener Geschenke, kann ein Einkaufsmitarbeiter eine Bevorzugung für einen Anbieter entwickeln. Da ein Anbietervergleich nicht nur Preise, sondern auch nicht direkt messbare Variablen wir Qualität, Service, etc. beinhaltet, hängt die Entscheidung nicht nur von Zahlen auf dem Excel-Sheet ab, sondern auch immer von der Meinung des Entscheidungsträgers.

Koch, Autor und Reise TV-Moderator Anthony Bourdain hat es so definiert, als er für ein Interview mit dem damaligen US Präsidenten Barack Obama nach der Möglichkeit gefragt wurde, ob er mit der Präsidentenmaschine nach Vietnam hätte reisen können: *„Wenn Du mit jemanden seinem Auto reist - oder Flugzeug -, schuldest Du ihm etwas.“*[15]

Dabei können nicht nur Geschenke beeinflussen, sondern auch Erfahrungen, wie Einladungen zu Konzerten, Sportveranstaltungen und ähnlichem. Hierbei verschwinden oft die Grenzen, da z.B. Produktpräsentationen durchaus auch unterhaltsam sein können. So beinhaltete die Präsentation des iPhone 6 auch einen Auftritt der irischen Rockgruppe U2.

Menschen schätzen aber nicht nur den Erhalt von Geschenken und Einladungen, sondern auch der Umgang mit attraktiven und interessanten anderen Menschen. Einen Umstand, welche

---

[15] Bourdain, Anthony (2017): "Barack Obama, Anthony Bourdain chew the fat in Hanoi"

Vertriebsorganisationen ausnutzen und ihre Mitarbeiter bezüglich eines sympathischen Auftritts schulen oder gar nach solchem und / oder Aussehen aussuchen. Hier wirkt ein weiteres Bias, da wir attraktiven Menschen in der Regel weitere positive Attribute zu ordnen, wie z.B. Ehrlichkeit. Dies da wir ein stimmiges und einfaches Bild haben möchten, entweder eine Sammlung von positiven oder negativen Ausbildungen. Der Effekt kann unterstützt werden, indem der Vertriebsmitarbeiter sich auf einem leicht höheren Niveau befindet als der Kunde. Letzter fühlt sich so geehrt. Allerdings kann der Effekt leicht umschlagen, wenn der Vertriebsmitarbeiter als auf einem weit höheren Level wahrgenommen wird. Hierdurch wird der potentielle Kunde eher eingeschüchtert.

Das „Gefühl“ welcher Anbieter ausgesucht werden sollte, kann unterbewusst manipuliert werden. Im Gegensatz zu Geschenken und Einladungen, widerspricht dies auch keinen Antikorruptionsgesetzen. Im Höchstfall kann der Anbieter auf eine interne schwarze Liste gesetzt werden, was unter Umständen auch geltendem Recht widerspricht.

Die Compliance Position ist ähnlich dem Vertrieb, da diese ihre Information an die interne Zielgruppe „verkaufen“ muss. Die Mitarbeiter müssen diese nicht nur aufnehmen, sondern auch motiviert werden, das gehörte aktiv umzusetzen. Dies nicht nur in der Situation mit direkten Kontrollen, sondern vielmehr auch dann, wenn niemand zusieht. Dem irischen Schriftstelle C.S. Lewis wird oft fälschlicherweise das Zitat: *„Integrität ist das richtige zu tun, auch wenn niemand zusieht“* zugeordnet. Eher ist dies eine neuere Formulierung, welche auf ein Buch von Charles Marshalls beruht.[16] Später definierte dieser es selber auf seinem Blog: „*Integrität ist das richtige zu tun, auch wenn man es nicht muss – wenn niemand zusieht oder es jemals wissen wird – wenn es keine Gratulation oder Anerkennung hierfür geben wird.*" [17]

[16] Marshal, Charles (2003): "Shattering the Glass Slipper"

[17] Marshall, Charles (2012): "Where is the man who will do the right thing, no matter what the cost?"

2.5 „*Es ist einfacher am Anfang zu widerstehen, als am Ende*"

Leonardo, Renaissance Universalgenie aus Vinci, nahe Florenz, ist heute hauptsächlich bekannt dank seinen Gemälden und Skizzen. Aber im Laufe seines Lebens hat er sich mit vielen anderen Themen beschäftigt. Sein Zitat „*Es ist einfacher am Anfang zu widerstehen, als am Ende*" zeigt, dass hierzu auch die Psychologie gehörte. Wir können seine Überlegung in eine Formel überführen:

Definitionen:

r) Vermutetes Compliance Risiko: Geschätzte negative Auswirkungen für das Unternehmen

b) Erwarteter Nutzen durch Einbeziehung der Compliance Abteilung: Die vermuteten positiven Auswirkungen, dass der oder die Compliance Officer das Problem lösen kann.

c) Informationskosten: Die erwarteten Kosten den oder die Compliance Officer zu involvieren. Dies beinhaltet auch den positiven oder negativen persönlichen Nutzen des Mitarbeiters, inklusive Belohnung (z.B. Lob) oder disziplinäre Untersuchung.

Bei „(1/r) > b-c" gilt: Ein Mitarbeiter, welcher ein Ethik & Compliance Training erhalten hat, kann abschätzen, wie hoch das Risiko bei einem Regelverstoß liegt. Da er oder sie kein Experte ist, kann diese Schätzung korrekt, aber auch falsch sein. Ob Compliance kontaktiert wird hängt davon ab, wie hoch der Vorteil davon ist und wie kostintensiv die Involvierung ist. Wenn „1/vermutetes Risiko" höher eingeschätzt wird als der geschätzte Nutzen minus der Informationskosten, wird das Individuum nicht die Compliance Abteilung kontaktieren. Eine falsche Einschätzung der Situation wäre ein relevanter Risikofaktor für das Unternehmen.

Bei „(1/r) < b-c" gilt: Wenn der Vorteil minus der Kosten höher als „1 / geschätztes Risiko" ist, wir die Compliance Abteilung kontaktiert.

Basierend auf dieser Formel kann das Unternehmen mit den Faktoren arbeiten:

- Durch die Durchführung relevanter und auf die einzelnen Funktionen abgestimmte Ethik & Compliance Trainings lernen die Mitarbeiter Risikosituationen richtig einzuschätzen. Es muss vermieden werden, was Stephen Hawking mit *„Der größte Feind von Wissen ist nicht Ignoranz, sondern die Illusion von Wissen"* ausdrückte.
- Die Ethik & Compliance Mitarbeiter müssen sich als vertrauenswürdige Berater präsentieren, damit Mitarbeiter antizipieren, dass deren Einbeziehung bei einem potentiellen Problem einen höchstmöglichen positiven Beitrag schafft.
- Compliance muss relativ einfach erreichbar sein. Dies kann durch Compliance Champions (vertrauensvolle Mitarbeiter, welche ein spezielles Training erhalten haben) in den einzelnen Standorten erreicht werden und natürlich mit einer anonymen und jederzeit

verfügbaren Compliance Hotline. Auch sollten Compliance sich immer für Fragen, Diskussionsanregungen und Informationen bedanken. Disziplinäre Maßnahmen sind eine Möglichkeit bei schwerwiegenden Verstößen diese zu ahnden, bei „Compliance Unfällen" aber zu vermeiden.

- Das Unternehmen kann die Unternehmenswerte mit den persönlichen der Mitarbeiter verbinden. Wenn dies gelingt, baut sich beim Mitarbeiter bei einem Verstoß gegen einer dieser Werte ein innerer Druck auf, da gezeigtes Verhalten die eigene Überzeugung widerspricht. Eine Minderung dieses Widerspruchs wäre ein weiterer Vorteil durch die Einbeziehung von Compliance.

Genau wie Leonardo es definierte, je länger man den falschen Weg folgt, desto schwieriger wird es wieder zurück auf den rechten Pfad zu kommen. Dies da die Informationskosten zunehmen. Erstmal muss der Mitarbeiter seinen Fehler zugeben und dann vermuten, dass eine späte Einbeziehung der Compliance Abteilung zu einer disziplinären Strafe führen wird.

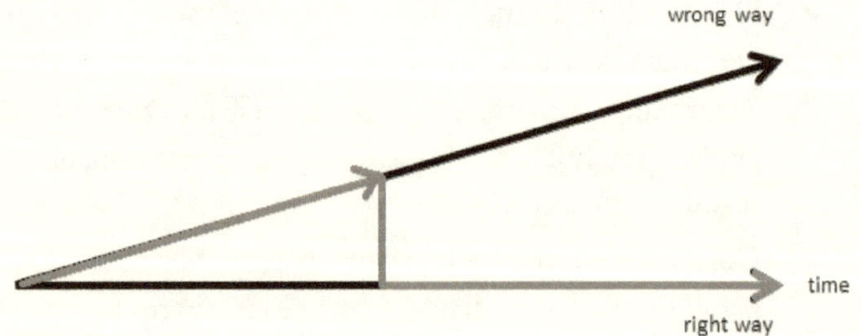

Relevant ist die Wahrnehmung, das Individuum muss erkennen, dass er oder sie dem falschen Pfad folgt. Teilweise ist dies nicht immer direkt zu Anfang erkennbar. Der

Mitarbeiter wähnt sich auf dem richtigen Weg, muss dann aber erkennen, dass dies doch nicht der Fall war. Ein Ethik & Compliance Training kann daher sich nicht darauf beschränken zu zeigen wie man auf dem richtigen Weg bleibt, sondern vielmehr auch, wie man erkennt auf dem falschen zu sein. Reale Falldiskussionen können hierbei helfen.

Nach Leonardo ist es einfacher am Anfang zu widerstehen, anstatt später. Dies da je länger man auf dem falschen Weg ist, der Unterschied zum rechten Pfad grösser und grösser wird. Diesen Unterschied können wir in die Gleichung aufnehmen: „G = gap“:

Damit die Compliance Abteilung involviert wird, muss gelten: „(1/r) < b-c-g“

Dabei kann gap enthalten:

v) Eigenverantwortung für das Fehlverhalten
s) Schwere des Verstoßes (der Grad, welche beide Graden trennt)
t) Zeit

in die Formel eingesetzt: „(1/r) < b-c-(v*s*t)“

Basierend auf mathematischen Regelungen, falls eine dieser Werte 0 wird, ist auch das Produkt 0:

- V=0 : Der Mitarbeiter fühlt sich für das Vergehen nicht verantwortlich
- S=0 : Der Mitarbeiter vermutet keinen wirtschaftlichen Schaden für das Unternehmen
- T=0 : Der Mitarbeiter ist noch in der

Entscheidungsfindung, hat also noch keine Regel gebrochen

Mit der Ausnahme von Zeit, Faktoren, welche von Ethik & Compliance aufgenommen und beeinflusst werden können:

- Verantwortlichkeit: In Workshops kann vermittelt werden, dass alle Mitarbeiter, unabhängig von ihrer Position, verantwortlich für ihr Handeln sind.
- Schwerwiegenheit: Ein gutes Compliance Training ist nicht limitiert auf Gesetze und Regelungen, erklärt aber auch die Kosten der Korruption für die Gesellschaft. Weiter kann Compliance in die Nachhaltigkeitsstrategie des Unternehmens eingebunden werden. Es ist nicht nur wichtig heute erfolgreich zu sein, sondern dies auch in den nächsten Jahren.

Neben aller Logik ist dies natürlich keine mathematische Formel, soll jedoch der Inspiration dienen.

Wirtschaftspsychologie & Compliance

2.6 Stolperstein Beschleunigungszahlungen

Beschleunigungszahlungen (Englisch: „Facilitation Payments") sind in der Regel kleine Zahlungen an untere Beamten. Dies um Prozesse zu beschleunigen und / oder sicherzustellen, dass sie durchgeführt werden. Hierbei ist wichtig, dass es sich um Prozesse handelt, welche keine Kontrollen beinhalten und man Anrecht darauf hat, dass sie auch ohne diese additionalen Zahlungen funktionieren sollten. Rechtlich sind diese Zahlungen nach dem amerikanischem FCPA nicht verboten, allerdings nach dem UK Bribery Act und den allermeisten lokalen Gesetzen. Weiter sollte dies auch ein Verstoß gegen den Unternehmensgrundsatz darstellen, da die Organisation sich als guter Mitbürger darstellen will, und solche Zahlungen damit nicht vereinbar sind.

Old Car City, White, Vereinigte Staaten

Ein weiteres Problem der Beschleunigungszahlungen ist, dass es praktisch kaum automatische Prozesse gibt, sondern immer eine Genehmigung eingebaut ist, so dass fast immer die Möglichkeit besteht, dass ein Antrag auch abgelehnt werden kann. Daher handelt es sich oft mitnichten um solch eine Zahlungen, sondern eine normale Bestechung. Um alle Unklarheiten zu beseitigen, sollte daher ein Unternehmen klar kommunizieren, dass Beschleunigungszahlen verboten sind. Neben allen ethischen Aspekten hat man so auch eine rechtliche Klarheit.

Selbst wenn diese lokal nicht geahndet werden sollten, sind sie ein relevanter Risikofaktor, da sie ähnlich eine Einstiegsdroge wirken. Das Individuum lernt den *„Flow Effekt"* schätzen.

Die *„Food-in-the-Door"*-Technik stammt aus der Verkaufspsychologie. Man versucht ein relativ kleines Produkt an den potentiellen Kunden zu bringen. Wird dies geschafft, ändert dieser eventuell seine Einstellung zu dem Produkt. Beruhend auf Siegmund Freud, erkennt ein Individuum keine schwachen Einstellungen, sondern ist auf Selbstbeobachtung angewiesen. In diesem Fall hat der Kunde noch keine ausgeprägte Einstellung zu dem neuen Produkt, aber weiß, dass er das Produkt kaufte. Daraus schließt das Individuum, dass es grundsätzlich eine positive Einstellung hierzu hat. Der Verkäufer kann dies ausnutzen und das nächste Mal überzeugen, ein etwas teureres Produkt zu nehmen.

Zu diesem Effekt kommt hinzu, dass schon eine kleine Zahlung ein Gesetzesverstoß darstellt. Der Nachfragende weiß, dass er damit Druck auf den Zahlenden ausüben kann. Beide stehen durch die Korruption außerhalb des Gesetzes, allerdings kennt der Empfänger der Zahlung meist besser die Gesetzeslage, inklusive der lokalen Prozesse mit deren

Schwachstellen. Daher ist zu beobachten, dass über die Zeit die Höhe der Korruptionszahlungen inflationär ist. Dies kann so weit gehen, dass kleinere Unternehmen, welche in den Sog der Korruption geraten sind, gezwungen sind das Geschäft aufzugeben oder gar die Firma preiswert an den Empfänger der Korruptionszahlungen abzugeben.

Lando Calrissian musste dies im *„Krieg der Sterne: Das Imperium schlägt zurück“* erfahren. Als notorischer Spieler hatte der eine kleine Minen Kolonie, die *„Stadt in den Wolken“*, gewonnen und war seither dessen Direktor. Seine Strategie beruhte darauf, mit dem kleinen Unternehmen unterhalb des Radars des Imperiums zu bleiben. Dies funktionierte, bis sein alter Freund Han Solo beschloss, die Stadt als Unterschlupf für seine Rebellenfreunde auszuwählen. Dank Boba Fett lernte das Imperium über diesen Zug und kam vor Solo dort an. Darth Vader „einigte“ sich persönlich mit Calrission, dass der weiter mit dem Unternehmen operieren konnte, wenn er die Rebellengruppe inhaftierte. Dies sollte als Falle funktionieren, um einen gewissen Luke Skywalker gefangen zu nehmen. Da er Calrissian in der Hand hatte, konnte Vader zweimal das Abkommen zu seinen Gunsten abändern. Erstmal forderte er Solo in Karbonate einzufrieren und danach müssten Leia, Chewbacca, C3PO und R2D2 permanent in der Wolkenstadt inhaftiert werden.[18]

Basierend auf dem ungleichen Kräfteverhältnis, musste Calrissian den Forderungen nachgeben, erkannte aber, dass das Imperium nie ein vertrauenswürdiger Vertragspartner abgeben würde. Vader sagte, dass er die Abmachung änderte und

[18] Lucas, George (1980): "The Empire strikes back"

Calrissian beten sollte, dass er keine weiteren Änderungen vornehmen würde. Dies passierte in einer fernen Galaxis, allerdings ist dies nah an der Situation, wenn Mitarbeiter das erste Mal nachgegeben und eine Korruptionszahlung geleistet haben. [19]

Mitarbeiter aus Ländern mit einer niedrigen Korruptionsrate hatten meistens noch keinen direkten Kontakt mit Korruption und deren Folgen. So hat sich oft auch keine klare Einstellung zu Korruption gebildet. Ein Risiko, wenn sie dann ich Länder mit hohem Risiko geschickt werden. Ohne starke Einstellungen besteht das Risiko, dass dem Druck nach Beschleunigungszahlen oder anderer niedriger Korruption nachgeben wird. Wenn dann beobachtet werden kann, dass die unbekannte und oft starkausgebildete Bürokratie abgekürzt wird, ohne auf der anderen Seite sich mit den Kosten der Korruption auseinandersetzen zu müssen, kann der Mitarbeiter zu dem Ergebnis kommen, dass Korruption gesichtslos ist und es eigentlich allen damit besser gehen würde.

Nicht nur Gesetze können als unnötige Bürokratie wahrgenommen werden, sondern auch interne Regelungen des Unternehmens. Mitarbeiter, welche Umgehung von Gesetzen als funktionierende Maßnahme zur Reduzierung von Bürokratie gelernt haben, werden dies auch intern anwenden, oder anders herum. Wenn ein Unternehmen nicht seine eigenen Regelungen durchsetzt, werden früher oder später die Mitarbeiter dieses Benehmen auch bei Gesetzen anwenden, speziell in Regionen, wo die entsprechende Strafverfolgung nur schwach ausgeprägt ist.

---

[19] Henz, Patrick (2017): "Corruption is a Race Car."

Weiter setzt irgendwann ein *„Flow Effekt"* ein. Das Individuum genießt die Situation sich oberhalb der Bürokratie zu befinden. Zu Beginn wurden illegale Zahlungen geleistet um ein schwieriges Ziel zu erreichen. Die Wichtigkeit des Ziels geht zurück und Zahlungen werden auch für einfache Vorgänge gezahlt. Bis hin, dass Bestechungen selbst dann angewandt werden, wenn das zu erreichende Ziel irrelevant ist, dies da man die Situation genießt es tun zu können. Dies erklärt, dass häufig auch Individuen mit einem hohen Niveau für Straftaten verhaftet werden, welche sie rational nicht nötig gehabt hätten.

2.7 Wikipaediasierung und Malbücher

Der Druck sich schnell entscheiden zu müssen, erzeugt Stress. Wie vorher beschrieben, blockt dieser die Möglichkeit zu logischem Denken. Dies kann auch dadurch passieren, dass das Individuum wahrnimmt unter Zeitdruck stehen zu würden, da z.B. andere dies ihm oder ihr kommunizieren, obwohl dies objektiv gar nicht der Fall ist. Ironischer Weise, kann der subjektive Zeitdruck Stress aufbauen, so dass nicht erkannt wird, dass objektiv dieser Druck überhaupt nicht existiert.

Ein Risiko stellen plötzlich auftauchende Großchancen dar. Ohne Vorbereitung sieht man plötzlichen Handlungsbedarf, da die Chance so schnell wie sie gekommen ist, auch wieder verschwinden kann.

Obi-Wan Kenobi gab den Rat: *„Hab Geduld. Nutze die Macht. Denk nach."* Trotz allen Zeitdrucks sollte man regelmäßige Auszeiten einplanen. Zumindest ist Zeit für eine Tasse Kaffee, bevor man eine wichtige Entscheidung fällt. Wenn möglich, sollte man eine Nacht über relevante Entscheidungen schlafen, um nicht vorschnell zu handeln. Ungeduld kann schnell sich als ein Schritt hin zur Dunklen Seite entpuppen.

Der brasilianische Schriftsteller Paulo Coelho bringt eine zweite Dimension hinzu: *„Man soll keine wichtigen Entscheidungen wütend fällen: man kann jemanden auch noch morgen zur Hölle schicken."* Emotion, positiv und negativ, beeinflusst unser Entscheidungsprozess. In der Regel bevorteilt eine positive Stimmung auch positive Entscheidungen und negative

Stimmung eine negative Entscheidung. Je extremer die Stimmung, desto kürzer der Entscheidungsfindungsprozess. Für Unternehmen sind daher ständig gut gelaunte Mitarbeiter nicht immer erstrebenswert. Eine ausgeglichene Stimmung unterstützt einen „kritischen Rationalismus“ und so einen ausgiebigen Entscheidungsfindungsprozess.

Dank dem Einzug von IT in die gesamte Arbeitswelt, sind alle Mitarbeiter in Echtzeit miteinander verbunden. Dies verstärkt die Möglichkeit zur Gruppenarbeit, da ständig Arbeitspakete verschoben werden. Weiter erfordert es einen Grad an Flexibilität, da dadurch sich auch Fristen und Stichtage laufend ändern. Mitarbeiter haben sich an diese Realität problemlos angepasst, da sie konform den Veränderungen im Privatleben ist. Die heutigen Generationen wachsen mit Touchscreens auf und können teilweise ein iPhone bedienen, bevor sie angefangen haben zu sprechen. Gestresste Eltern finden früh heraus, dass ein Smartphone oder Tablet eine beruhigende Wirkung auf ihre Kleinen hat, insbesondere, da es bestimmte Apps gibt, welche insbesondere für Kleinkinder entworfen wurden und diese beim zum Lernen anregen sollen. Diese Generationen werden mit TV Streaming Diensten und Mediatheken groß anstatt hauptsächlich das klassische lineare Fernsehprogramm zu nutzen. Als Resultat fehlt die Erfahrung, auf gewünschte Inhalte warten zu müssen, da Sendungen jeder Zeit und auf den diversen Geräten (TV, Computer, Tablet, Smartphone) abrufbar sind.

Die „Wikipediaisierung“ hat die Einstellung zu Wissen verändern, besonders bei Themen mit niedrigem persönlichem Engagement ist weniger das Gelernte selbst notwendig, als vielmehr zu wissen „wo es steht“. Untersuchungen haben herausgefunden, dass in dieser Situation der einzelne weniger Aufwand darauf investiert, sich an die Information zu erinnern, sondern direkt im ständig verfügbaren Internet sucht. Freie Information wird häufig von anonymen Usern erstellt und ist daher anfällig gegenüber Manipulation. Durch die ständige Verbindung zum Internet hat der Mensch sich praktisch schon zu einem Cyborg entwickelt, eine physische Implantation ist dafür nicht mehr nötig.[20]

Heutige Menschen, privat oder geschäftlich, sind überwiegend mit diversen Aufgaben zur gleichen Zeit beschäftigt. Psychologisch vermittelt dies eine ständige Dringlichkeit aller Themen. Ein Bias, da ein Großteil nicht dringend oder gar wichtig ist. Um allen gerecht zu werden, setzten Individuen nicht mehr die nötige Zeit zum Überlegen ein, was zu Fehleinschätzungen und negativen Resultaten führen kann.

Eine Entschleunigung ist notwendig. Diverse Unternehmen habe daher Richtlinien erstellt, dass außerhalb der normalen Arbeitszeiten die Mitarbeiter nicht nur nicht verpflichtet sind Emails zu beantworten oder Anrufe auf dem Handy anzunehmen, sondern dass es vielmehr für Mitarbeiter verboten ist, Kollegen zu diesen Uhrzeiten zu kontaktieren. In eine ähnliche Richtung gehen Malbücher für Erwachsene, welche diese nicht nur mit positiven Erinnerungen an ihre Kindheit verbinden, sondern sie temporär auch aus ihrer digitalen Wirklichkeit werfen. Neben dem Ausmalen der teilweise komplexen Muster ist keine Zeit für parallele Tätigkeiten und ein Moment der Entspannung setzt ein. Im Idealfall lernt der oder die Einzelne diese Singularität schätzen

[20] Henz, Patrick (2017): "Access Granted – Tomorrow's Business Ethics"

und versucht dies in mehr Situationen einzusetzen, z.B. der oben erwähnten „Kaffeetassen"-Regel.

Compliance Trainings kann dies aufnehmen und z.B. ein solches Malbuch als Handout verteilen um die Nachricht zu verstärken.[21] Andere Firmen haben ein allgemeines Handyverbot in ihren Sitzungen ausgegeben, um Singularität zu erreichen.

Dank seiner Studien kam Professor Strayer von der Universität Utah zu dem Ergebnis, dass Konzentration auf mehreren Themen gleichzeitig das Individuum anfällig für Fehler macht. Strayer nutzte hierfür Camping in der lokalen Natur und entwickelte den *„Drei Tage-Effekt"*. Das Gehirn braucht drei Tage für einen vollen Reset: *„Am dritten Tag kalibrieren meine Sinne – Ich rieche Dinge und höre Dinge, wie niemals zuvor.*"[22]

Workaholics, wie Mitarbeiter, welche nicht ihre zustehenden Urlaubstage nehmen, sind ein Warnsignal für Compliance. Diese Individuen haben ein höheres Risiko als ihre Kollegen, welche ein ausgewogeneres Arbeits-Freizeit-Verhältnis haben. Die Erkenntnisse sind relevant für Weiterbildungsveranstaltungen. Um zu gewährleisten, dass die Mitarbeiter über ihre maximalen Aufnahmefähigkeiten verfügen, plant man idealerweise diese (falls Budget vorhanden) außerhalb der normalen Büroatmosphäre und mindestens über vier zusammenhängende Tage.

---

[21] SAI GLOBAL (2017): "SAI GLOBAL LAUNCHES NEW STRESS-RELIEVER FOR COMPLIANCE OFFICERS"

[22] Williams, Florence (2017): "This is Your Brain on Nature"

„Unterbrechung" („Disruption") hat sich aktuell zu einem Zauberwort entwickelt. Gebraucht bei politischen Wahlen oder der Einführung von Künstlicher Intelligenz in unternehmerische Prozesse. Aber auch für Mitarbeiter sind regelmäßige Unterbrechungen vorteilsbringend, da das derzeitige gestoppt wird und so etwas Neues anfangen kann. Dabei bedeutet es nicht automatisch, dass etwas Neues implementiert wird, aber in der Pause kann man den Status Quo und potentielle Alternativen analysieren. Eine Entscheidungsprozess kann zu der Erneuerung des bekannten oder aber auch zu einem neuen Weg führen.

Für ein Individuum sind regelmäßige Unterbrechungen nötig um einen Tunnelblick und abgeleitete Verhaltensrisiken zu vermeiden. In unserer modernen Zeit ist es schwieriger geworden solche Auszeiten zu nehmen. Dies da dank Handies, Tablets und Laptops wir ständigen Zugriff auf unsere Emails haben und so in der Regel auch außerhalb der Arbeitszeiten solche beantworten. Selbst der klassische Fernsehfeierabend bietet keinen Ausgang, da mit dem „second screen" die Augen zwischen dem Fernseher und dem Smartphone hin und her gehen.

Wichtige Möglichkeiten zur persönlichen Unterbrechung bieten Urlaube, aber auch Geschäftsreisen. „Reisen bildet" ist nicht nur ein Satz, vielmehr sind die neuen Orte und Personen immer eine Quelle der Inspiration. Der Reisende verbindet die neuen Eindrücke zu seinem oder ihrem Leben und Aufgaben. Nach solch einer Unterbrechung können die neuen Erfahrungen zum Umdenken oder Abändern der aktuellen Aufgaben führen und so, hoffentlich den Einzelnen effektiver

machen.
Die Personalabteilung des Unternehmens muss sicherstellen, dass die Mitarbeiter die jährlichen Urlaubstage nehmen und nicht verfallen lassen. Weiter sollten regelmäßige und extreme Überstunden vermieden werden. Mitarbeiter mit einem existierenden Privatleben können in verschiedenen Situationen wichtige Erfahrungen sammeln und sind so wertvoller für ein Unternehmen. Bill Gates hat dies erkannt: *„Für eine schwierige Aufgabe nehme ich eine faule Person. Dies da eine faule Person einen einfacheren Weg nimmt dies zu tun."* Er hat dies bewusst provokativ formuliert, da außerhalb des Büros zu sein, nicht bedeutet, dass man faul ist. Freizeit ist in vielen Fällen mit Aktivität verbunden.

Besonders heute, wo mehr und mehr Jobs durch Künstliche Intelligenz und Roboter bedroht sind, muss sich eine Firma bewusst sein, dass für Positionen, welche menschliche Mitarbeiter benötigen, wir diese Mitarbeiter auch als solche behandeln. Falls nicht, sind diese anfällig für Fehler und Vergehen. Menschen als Menschen behandelt, entwickeln die Fähigkeiten sich selbst gegen psychologische Drücke zu schützen.

2.8 Teuflische Orte

Meist wird das Stanford Prison Experiment herangezogen, um zu erklären, wie Rollenverhalten uns prägen. Interessant ist, dass das Experiment ursprünglich eine andere Frage klären wollte: „Was passiert, wenn wir gute Menschen in schlechte Orte stecken?" Mit Alcatraz in relativer Nähe, war ein Gefängnis die ideale Kulisse für solch ein Experiment.

Alcatraz, San Francisco, USA

Die Ergebnisse waren wenig aufbauend, das Experiment musste früher als geplant gestoppt werden, da besonders die Wachmänner anfingen sich überproportional streng zu verhalten.

Ein wichtiges Ergebnis, da die heutige Geschäftswelt global verbunden ist und Unternehmen ihre Mitarbeiter in alle Welt verschicken, inklusive Regionen mit hoher Korruption und / oder angespannter Sicherheitslage. Orte, wo Versuchung und Druck zusammengekommen. Im erwähnten Experiment erhielten die Teilnehmer nur eine kurze Einweisung, sie interpretierten ihre Rollen maßgeblich basierend auf Film und

Fernsehen. Es ist zu vermuten, dass wenn sie eine ausführlichere Einweisung erhalten hätten, z.B. inklusive Diskussion über Nachhaltigkeit, Empathie und Menschenrechte, das Ergebnis ein anderes gewesen wäre.

Ein Unternehmen ist für seine Mitarbeiter verantwortlich, dies beinhaltet Gesundheit und Sicherheit. Dementsprechend müssen Mitarbeiter auf ihre Reisen vorbereitet werden. Nicht nur bezgl. Gesundheits- und Sicherheitsrisiken, aber auch bzgl. Kultur und Arten der Korruption.

Mitarbeiter, die in einem Land mit höherem Risikofaktor aufgewachsen sind, wissen, wo sie nach illegalen Zahlungen gefragt werden können und wie man sich optimal verhält, um die Situation zu vermeiden oder, falls nötig, diese Anfrage freundlich aber bestimmt ablehnt. Spezielle Ethik & Compliance Reiseworkshops kann dieses Wissen an noch unerfahrene Mitarbeiter weitergeben. Je mehr über eine Kultur bekannt ist, desto empathischer ist man dieser gegenüber und Korruption erhält ein Gesicht. Sprachkenntnisse sind vorteilhaft, da sie einmal zu einer stärken Verhandlungsposition führen und weiter zu Sympathie bei seinem Gegenüber.

Ein weiteres Risiko ist biologisch bedingt. Jet Lag und fehlender Schlaf kann zur Einschränkung kognitiver Leistungen, wie z.B. Aufmerksamkeit, Entscheidungsfindung und Argumentation führen.[23] Das bedeutet, dass Mitarbeiter bei Reisen über verschiedene Zeitzonen in den ersten Tagen anfälliger sind bzgl. Sicherheits- und Korruptionsrisiken. Hinzu

[23] Martin, Jennifer L. (fetched 29.4.2017): "Travel & Jet Lag"

kommt, dass Sprachkenntnisse einrosten, wenn sie nicht regelmäßig gebraucht werden, so dass der Mitarbeiter evtl. ein paar Tage braucht, wieder in die fremde Sprache zu kommen. Diese negativen Jet Lag Effekte sind nicht komplett abzustellen, allerdings reduzierbar durch eine angemessene Vorbereitung, inklusiver körperlicher Fitness. Die Gesundheitsinitiativen vieler Unternehmen und Organisationen helfen also nicht nur den Krankenstand zu reduzieren, sondern aktiv Unfällen und Korruptionsfällen vorzubeugen. Besonders niedrige Korruption und Beschleunigungszahlungen arbeiten mit der Idee, dass der Gegenüber mürbe gemacht wird, hauptsächlich mit undurchsichtigen bürokratischen Argumenten. Dem zu widerstehen, benötigt ein gewisses sicheres Auftreten und Willen, sich einer längeren Diskussion zu stellen.

Patrick Henz

2.9 Der Teris Effekt

1989 brachte Nintendo einen kleinen grauen Apparat auf dem Markt, den Game Boy. Entgegen des aktuellen Stands der Technik, verfügte diese tragbare Spielkonsole nur über einen monochromen Bildschirm, konnte deshalb aber zu einem relativ günstigen Preis angeboten werden: 150 Deutsche Mark. Damit eroberte der Game Boy nicht nur schnell die Schulhöfe, sondern wurde auch bei Erwachsenen beliebt, über 118 Millionen Einheiten konnte Nintendo von der Spielkonsole verkaufen. Dies wurde auch daher erreicht, dass jedem Game Boy das beliebte Tetris beilag.

Das Spiel wurde vom dem russischem Programmierer Alexey Pajitnov bereits in 1984 erstellt. Da aber noch der Kalte Krieg herrschte, dauerte es aber noch fünf Jahre, bis Tetris außerhalb Russlands erhältlich war. Gerüchte über das neuartige Spiel machten die Runde, so dass die Nachfrage gegeben war. Häufig war Tetris der Grund, sich überhaupt den Game Boy anzuschaffen, da es die einzige Möglichkeit darstellte dies zu spielen. Ähnlich wir Atari damals mit Pac Man für seine 2600 Spielkonsole, hatte Nintendo mit Tetris eine sogenannte „Killer Applikation“. Ein Spiel, welches von den Mitbewerbern nicht angeboten werden konnte und damit ein relevantes Alleinstellungsmerkmal. Erst später wurde Tetris für andere System portiert und, ähnlich dem Rubiks Würfel in den 80ern, in zahllosen Kopien variiert.

Manhattan, New York, Vereinigte Staaten

Das Spiel war so genial wie einfach. Steine in verschiedenen Formen fallen von oben herab und der Spieler oder die Spielerin muss diese so verschieben und drehen, dass diese unten komplette Linien ergeben. Solche verschwinden und geben Platz für die kommenden Steine frei. Mit der Zeit wird Tetris schneller und so auch schwieriger. Bei vielen Spielern hat sich eine regelrechte Sucht eingestellt, so dass sie nicht nur von herabfallenden Steinen träumten, sondern vielmehr anfingen ihre Umwelt in solchen Steinen wahrzunehmen, z.B. Hochhäuser, Milchtüten, etc. Selbst wenn man nicht den Game Boy in der Hand hatte, dachten die Spieler weiter an Tetris und wie man die Steine in Linien einfügen könnte.[24]

Das Spiel simulierte so eine hohe Stresssituation, wo Verantwortliche unter Zeitdruck eine Unzahl von schnell auftauchenden Problemen lösen müssen. Ein typischer Fall in Projektmanagement, wo jeden Tag neue Probleme unversehens auftauchen und gelöst werden müssen. Durch diesen regelmäßigen Stress kann sich ein Tunnelblick ergeben, da diese Mitarbeiter praktisch 24 Stunden am Tag versuchen

[24] Earling, A. (1996): "The Tetris Effect: Do computer games fry your brain?"

das Projekt innerhalb der Zeit- und Qualitätsvorgaben abzuschließen, was ein mentales Abschalten schwierig macht. Trotzdem muss man sich bewusst sein, dass jeder Stein einen adäquaten Entscheidungsfindungsprozess erhält und man trotz der tausend kleinen Probleme nicht den Gesamtzusammenhang aus den Augen verliert.

2.10 Autorität

Das Stanley Milgram Experiment ist ein Klassiker der Sozialpsychologie von 1963. Im Hinblick auf den Holocaust wollte Milgram herausfinden, wie einfach sich Personen beeinflussen lassen, inklusive dass sie der Tötung eines Mitmenschen zustimmen. Milgram erarbeitete ein Konzept mit zwei Schauspielern. Einer schlüpfte in die Rolle des Wissenschaftlers, inklusive des obligatorischen weißen Kittels und der andere saß in einem Nebenraum und spielte praktisch nur mit seiner Stimme.

Das Experiment wurde mit verschiedenen Teilnehmern durchgeführt. Der Wissenschaftler informierte den Probanden, dass das Experiment ein Quiz sei. Der Wissenschaftler stellte den Probanden im Nebenraum (der andere Schauspieler) eine Frage und jedes Mal, wenn dieser falsch antwortet müsste der Teilnehmer diesem einen Elektroschock verpassen. Wichtig, für jede falsche Frage wird die Intensität erhöht. Im Laufe des Experiments antwortet die Person im Nebenraum absichtlich falsch, so dass der wahre Proband via einen Apparat einen Elektroschock verabreicht. Dies ohne zu wissen, dass die Maschine in Wahrheit nicht funktioniert. Der Schauspieler schreit nach jedem simulierten Elektroschock, bis dahin er später anfängt zu betteln, dass Experiment abzubrechen. Der Proband ist häufig unsicher, aber der Wissenschaftler drängt darauf weiter zu machen. Dies auch, als offensichtlich für den Probanden, die Stärke der Elektroschocks ein tödliches Ausmaß annehmen können. Das bestürzende Ergebnis war, dass ein Großteil der Probanden trotz besseren Wissens, der potentiellen Respektperson gehorchte und den Anweisungen folgten weitere Elektroschicks zu verabreichen.

Stanley zog daraus die Erkenntnis, dass Individuen anfällig für Autoritätsdruck sind, d.h., dass sie Anordnungen (oder Befehle) befolgen, auch wenn sie gegen Gesetze und Werten verstoßen.[25]

Das Experiment ist umstritten, auch aus ethischen Gründen. Prof. Stanley hat bewusst Personen an ihren eigenen Abgrund gebracht. Individuum mussten lernen, dass sie bereit waren, jemanden umzubringen, da sie selbst nicht stark genug waren, den Vorgang abzubrechen indem sie widersprochen hätten.

Für Unternehmen ist klar, dass eine offene Unternehmenskultur ein notwendiger Schutz ist, um gegen potentielle Missstände gewappnet zu sein. Jeder Mitarbeiter ist selbst verantwortlich, dass Unternehmenswerte beachtet und Regelungen befolgt werden. Wenn Vorgesetzte anderes fordern, sollte der Mitarbeiter frei sein, dies anzusprechen und falls nötig, (anonym) zu melden. Neben einer unabhängigen Ethik & Compliance Abteilung ist es die Aufgabe der Geschäftsleitung solch eine Kultur vorzuleben. Die Freiheit zur Äußerung von abweichender Meinung ist verschieden stark ausprägt in diversen Ländern und Regionen. Dies macht es unter Umständen in einigen Niederlassungen anspruchsvoller solch eine Unternehmenskultur zu implementieren.

Weiter sind Mitarbeiter keine einheitliche Masse, sondern hoch

---

[25] Milgram, Stanley (1963): "Behavioral Study of Obedience"

diversifiziert. Manager müssen sich ihrer Verantwortung bewusst sein und wissen, wie sie mit ihren Mitarbeitern sprechen können. Dies ist nicht nur abhängig von deren allgemeinen Charakteren, sondern auch der aktuellen Situation. Personen mit akutem finanziellem Problem, haben einen allgemein höheren Stresslevel, als ihres Kollegen, welche gut abgesichert sind.

2.11 *„Versagen ist keine Option"*

Praktische all Unternehmen habe sogenannte „Must Win"-Projekte definiert, welche innerhalb des Geschäftsjahres realisiert werden müssen. Im Widerspruch zum Namen, werden in den meisten Fällen aber nicht alle dieser gewonnen und das Leben geht trotzdem weiter. Es handelt sich also nicht Projekte, welche man gewinnen *„muss"*, sondern vielmehr um welche, die man gewinnen *„sollte"*. Worte können auschlaggebend sein, da ein unerfahrener Mitarbeiter das „muss" hört und „muss" versteht; dementsprechend interpretiert, dass dieses Projekt unter allen Umständen gewonnen werden müsse. Letzteres kann auf legaler oder illegaler Weise erfolgen. Deswegen ist Verkauf und Projekt-Management eine der besonderen internen Zielgruppen für die Ethik & Compliance Abteilung. Dies beinhaltet nicht nur regelmäßige Workshops, sondern auch eine realistische Zielsetzung. SMARTe Ziele sind gefordert. Diese sind:

- Specific / spezifisch
- Measurable / messbar
- Attainable / erreichbar
- Realistic / realistisch
- Timely / zeitlich

Kurz: Ziele müssen herausfordernd sein, aber trotzdem persönlich erreichbar. Wenn letzteres real nicht gegeben ist, könnte der Mitarbeiter interpretieren, dass erwartet wird rechtliche Schranken zu überwinden, um diese Ziele zu erreichen. Trotz der jährlichen Vorgaben muss es den Mitarbeitern bewusst sein, dass diese nur zusätzlich sind, die Firma möchte nachhaltigen Erfolg, dass kann unter Umständen bedeuten, dass einzelne kurzfristige Ziele nicht erreicht werden um den langfristigen Gewinn nicht zu gefährden. Wichtig in der Organisation, dass es einen Überblick der Ziele in den einzelnen Abteilungen gibt. Fehlt dieser, besteht das Risiko, das zwischen den Gruppen sich Ziele widersprechen. Die positive Zielerreichung eines Mitarbeiters würde zu Last eines anderen gehen.

Schwieriger ist die Situation, wo ein „Must Win"-Projekt wirklich „müssen" bedeutet, da anderes das Fortbestehen der Organisation gefährdet und zu Entlassungen führen kann. Bei guter wirtschaftlicher Lage ist es einfach sich an Gesetze und Vorschriften zu halten. Wenn die Gefahr besteht, bei Versagen oder einfach Pech den Job zu verlieren, sieht die Sache natürlich anders aus. Daher ist es imperativ, dass der Compliance Officer nicht nur in die Strategie des Unternehmens involviert ist, sondern auch deren Zahlen kennt. Sind letztere rot, gilt es Fingerspitzengefühl bei dem Umgang mit den Mitarbeitern walten zu lassen. Trotz allen Drucks müssen Gesetze eingehalten werden. Je nach lokaler Gesetzeslage müssen sich die einzelnen Mitarbeiter auch bewusst sein, dass bei einem potentiellen Korruptionsfall nicht nur das Unternehmen verklagt wird, sondern auch die persönliche Haftung gilt. Empfindliche Geldstrafen können gegen involvierte Mitarbeiter verhängt werden, inklusive Gefängnisaufenthalt.

Was ist mehr inspirierend als ein Besuch des Kennedy Space Center im sonnigen Florida? Man kann original Raketen, inklusive des Space Shuttle „Atlantis" bestaunen. Weiter lauscht man den Geschichten und Präsentationen der anwesenden Astronauten und erlebt im Simulator einen Shuttle Start mit seinen Fliehkräften. Teil des Besuchs beinhaltet einen

Aufenthalt im historischen Start-Kontroll-Zentrum. Hier kann man die damaligen high tech Computer sehen, welche die diversen Missionen begleitet haben. Deren Rechenleistung wurde später in den 80ern durch den C64 übertroffen und aktuell auch von allen Smart Phones. Man reist gedanklich zurück in der Zeit und kann sich lebhaft vorstellen, dass der Apollo 13 Flugdirektor Gene Kranz die bekannten Worte sprach: *„Versagen ist keine Option."*

In Wirklichkeit tat er es aber gar nicht. Das Zitat ist vielmehr eine Zusammenfassung, welche aus einem späteren Interview mit dem Apollo 13 Flugcontroller stammt: *„Nein, wenn schlechtes passierte, blieben wir ruhig und besprachen alle Optionen, Versagen war keine davon. Wir gerieten nicht in Panik und gaben nie auf bevor wir die Lösung gefunden haben."*[26]

Trotzdem wurde „Versagen ist keine Option" berühmt, besonders durch der späteren Apollo 13-Verfilmung. Die Idee wird häufig zitiert, besonders für Vertriebsmitarbeiter. Dies im Zusammenhang mit „Must Win"-Projekten, welche auch einen relevanten Einfluss auf den jährlichen Mitarbeiterbonus haben. Bei einem Unternehmen ohne klaren Werten, Richtlinien und Prozessen, muss der Angestellte selbst interpretieren, was hier von ihm erwartet wird. Hierbei befindet er sich in einer großen grauen Region.

Im Vertrieb wird nur der erste Platz mit der Projektvergabe belohnt. Langfristig ist aber auch ein guter zweiter Platz von Vorteil, insbesondere wenn der Konkurrent mit unrealistischen Zusagen oder technischen Versprechen gewann. Es ist nur eine

---

[26] Granz, Gene (2009): "Failure is not an Option"

Frage der Zeit, wann der Kunde unzufrieden wird und bei nächstmöglicher Gelegenheit sich einem anderen Zulieferer zuwendet. Hier erinnert sich der potentielle Kunde an das eigene Angebot und dass man hier Versuchungen wiederstanden hat unrealistische Zusagen zu geben. Wenn nicht beim ersten Mal, kann sich so bei einem späteren Zeitpunkt Ehrlichkeit auszahlen und der zweite sich in einen ersten Platz ändern.

Wirtschaftspsychologie & Compliance

2.12 „*Es tut mir leid, Dave, aber das kann ich nicht tun*“

Das klassische Experiment um Gruppendruck zu demonstrieren stammt von Solomon Asch und ist aus dem Jahr 1951. Ähnlich zu dem Stanley Milgram Experiment, gab es in jedem Durchlauf nur einen echten Probanden, der Rest waren Schauspieler. Im Versuchsaufbau präsentiere der Leiter eine Gruppen von Studenten drei verschieden lange Linien. Anschließend zeigte er eine einzelne Linie und fragte jeden einzelnen Studenten, welche der drei ersten Linie gleich lang wie diese war. Die richtige Antwort war eigentlich offensichtlich, trotzdem antworteten die Studenten (in Wahrheit in das Experiment eingeweiht) absichtlich falsch. Nur der letzte der Gruppe war die wirkliche Versuchsperson.[27] Obwohl diese die vorherigen Antworten nicht nachvollziehen konnte, hat sie sich in vielen Fällen beeinflussen lassen. Dies kann unterschiedle Gründe haben. In einigen Fällen gab das Individuum wissentlich eine falsche Antwort um eine spätere Diskussion zu vermeiden, insbesondere, da man mit der Meinung klar in der Unterzahl war. Es ist aber auch denkbar, dass der Einzelne der Meinung der anderen mehr vertraute als seiner eigenen. Mit der Idee, von seinen Augen getäuscht zu werden, antwortete die Versuchsperson gleich den Vorgängern und im Glauben, dass dies die korrekte Antwort war.

Ein wichtiger Faktor bei dem Experiment war, dass die Probanden bzgl. eines Themas befragt wurden, im welchen sie nicht stark engagiert waren. Ob eine Linie länger oder kürzer ist, kann man nicht mit politischen Grundsatzfragen

[27] Asch, Solomon (1951): "Effects of group pressure on the modification and distortion of judgements"

vergleichen und es ist zu vermuten, dass bei subjektiv wichtigeren Themen sich die Probanden weniger beinflussbar wären. Eine wichtige Erkenntnis für ein Unternehmen, wenn z.B. Mitarbeiter beruflich aus einem Land mit niedrigem Korruptionsrisiko in eines mit einem relativ hohem reisen, sind sie oft bzgl. Korruption nicht engagiert. Es hat sie persönlich noch nie betroffen und oft bestehen Vorurteile basierend auf der Idee, dass Personen welches es schlecht geht, dies auch verdient haben. Ein weiteres bekanntes Bias, der zum Selbstschutz des Individuums dient. Der einzelne fühlt sich sicherer, dass ähnliches einem nicht zustoßen kann, da man solches ja nicht verdient hätte. Dementsprechend gibt es Ideen, dass Korruption ein Teil der Kultur wäre, und die Bewohner dieser Region ohne diese nicht glücklich wären. Da oft bei Geschäftsbesuchen kein direkter Kontakt mit den Einheimischen zustande kommt, kann diese falsche Idee aufrechterhalten werden. Die Ethik & Compliance Abteilung muss durch ihre Kommunikation und Workshops daher nicht nur informieren, sondern weiter auch motivieren. Nur wenn die Mitarbeiter sich für das Thema interessieren und sich auch den Kosten der Korruption bewusst, sind sie relativ geschützt gegen unbewussten Gruppendruck

Ein weiterer relevanter Faktor ist, ob das Individuum an sich ein Konflikt-Sucher oder –Vermeider ist. Diese Charaktereigenschaft korreliert mit intro- vs. extrovertiert, muss aber nicht in jedem Fall identisch sein. Es können auch extrovertierte Konflikt-Vermeider existieren oder introvertierte Konflikt-Sucher. Es ist Aufgabe der Teamleiter und der Personalabteilung potentielle Konflikt-Vermeider zu erkennen und diese zu stärken. In einer Organisation ist es in der Regel einfacher zuzustimmen als abzulehnen. Dies da letzteres zu

Diskussionen führt, Themen werden zum nächst höherem Level eskaliert, etc. Einfach „ja" sagen kann diese Probleme vermeiden. Besonders Manager müssen daher ein verantwortungsvolles „nein" lernen. Dies ist wichtig um aufgeblasene interne Budgets zu vermeiden, aber auch potentielle Forderung nach Bestechungsgeldern bestimmt abzusagen. Bei letzterem kann auch wieder Gruppendruck auf die Mitarbeiter wirken, indem der Nachfragende bildhaft beschreibt, dass solche Zahlungen kulturell akzeptiert sind und weiter alle potentiell involvierten Personen sich darauf geeinigt hätten, so zu verfahren. Mit einem Verneinen würde man den Erfolg des Projekts riskieren und viele ehrliche Arbeiter würde ihre Stelle verlieren.

Dem Entscheider muss sich klar sein, dass langfristig nur ehrliche Geschäfte nachhaltig sind und das Unternehmen ein „nein" erwartet, auch wenn dies zu Konflikten führt. Ähnlich dem Computer HAL aus Stanley Kubricks Meisterwerk *„2001"*, welcher ruhig und emotionslos eine Bitte ablehnte, dass dies seiner Überzeugung entgegensprach: *„Es tut mir leid, Dave, aber das kann ich nicht tun.'*[28]

Entgegen der offensichtlichen Meinung, dass nur große Gruppen kleine beeinflussen können, funktioniert dies auch andersherum. Dies ist effektiv, wenn die große Gruppe die kleine (Sub-)Gruppe als überzeugter und aktiver wahrnimmt. Dadurch entsteht der Eindruck, dass diese kleine Gruppe, über bessere Information als man selber verfügt. Als Folge hört man deren Mitgliedern zu und wenn die Argumente sinnvoll erschienen, werden eigene Erkenntnisse in Frage gestellt und

---

[28] Clarke, Arthur Charles (1968): "2001: Space Odyssey"

die neuen Ideen angenommen.

Die Compliance Abteilung kann diesen Effekt ausnutzen. Da man selber über eine positive und überzeugende Information verfügt, finden sich immer einzelne Mitarbeiter, welcher sich besonders stark in die diversen Ethik und Compliance Themen involvieren. Diese Individuen agieren als Compliance Multiplikatoren und können andere, eventuell skeptische, Mitarbeiter überzeugen. Besonders in Büros und Fabriken ohne einen physisch anwesenden Compliance Mitarbeiter sind diese Multiplikatoren wertvoll. Vertrauen wird schneller durch persönlichen Kontakt aufgebaut, also durch klassische Kommunikation wie Emails, Richtlinien oder Poster. Dies haben die meisten globalen Unternehmen erkannt und dementsprechend Compliance Botschafter oder Champions in ihre verschiedenen Lokalitäten installiert. Multiplikatoren, offizielle Botschafter oder einfach überzeugte Mitarbeiter, üben einen positiven Gruppendruck auf noch unschlüssige Mitarbeiter aus, so dass diese auch den Compliance Gedanken Folge leisten. Sei es aus Überzeugung oder simplen Gruppendruck.

Flexible Arbeitszeiten und zunehmende Heimarbeit führt dazu, dass immer weniger Mitarbeiter sich regelmäßig innerhalb der Firmeninstallationen aufhalten. Dem hierzu kommen die klassischen Positionen in Vertrieb und Projektmanagement, welche hauptsächlich alleine reisen oder sich dauerhaft in der Projektlokalität aufhalten. Dementsprechend sind sie weitaus weniger Gruppendruck, sei dieser negativ oder positiv, und Unternehmenskultur ausgesetzt. Hinzukommt, dass es schwieriger ist, diese effizient zu kontrollieren. Durch Selbstauswahl melden sich für diese Positionen überwiegend

Personen, welche ihre eigene Freiheit schätzen und so möglichst wenig interner Bürokratie ausgesetzt werden möchten.

Für Compliance eine schwierige Aufgabe, da klassische Kommunikation diese Mitarbeiter oft nicht erreicht. Der Inhalt eines Posters kann z.B. in einem persönlichen Brief an den Mitarbeiter transportiert werden, so dass trotz der Entfernung sich dieser als Teil der Gruppe fühlt. Technische Möglichkeiten wie Smartphone und Unternehmens-App reduzieren die wahrgenommene Distanz zum Unternehmen und wirken entgegen, dass der Mitarbeiter sich als Einzelkämpfer vorkommt, speziell wenn dieser sich in Regionen mit hoher Bürokratie, hoher Korruption oder anderen Schwierigkeiten befindet.

Solche Apps haben einen weiteren Vorteil, Mitarbeiten können anonym Fragen stellen und erhalten relevante Antworten, ohne dass der menschliche Mitarbeiter davon erfährt. So ist es unnötig eine „Ausrede“ einfallen zu lassen, warum man dies nicht weiß, obwohl es Teil des Compliance Trainings war. Dieses Argument kann bzgl. dem Selbstverständnis des Individuums und dessen Kultur ausschlaggebend sein.

2.13 Die Kontrollillusion

Der niederländische Maler Vincent van Gogh stellte fest: *„Ich habe mein Herz und meine Seele in meine Arbeit gelegt, und meinen Verstand im Prozess verloren."* Mehr als hundert Jahre später klingt dies wie die perfekte Beschreibung für „Ethische Blindheit“: *„Formal kann Ethische Blindheit definiert werden also eine temporäre Unfähigkeit des Entscheidungsträgers alle ethischen Dimensionen einer aktuellen Entscheidung zu erkennen.*‘[29]

Durch die kombinierte Einwirkung verschiedener psychologischer Effekte entwickelt der Mitarbeiter einen Tunnelblick. Einer dieser Faktoren ist die Kontrollillusion. Basierend auf dem Charakter können Personen deren Möglichkeit eine bestimmte Situation zu kontrollieren unter- oder überschätzen. Erfolgssucher tendieren dies zu überschätzen, wogegen Misserfolgsvermeider dies in der Regel unterschätzen. Durch Selbstselektion sind in risikohaften Unternehmensteilen oft die Erfolgssucher, da durch entsprechend positiven Resultaten die nächsten Karriereschritte schneller erreichbar sind.[30]

---

[29] Palazzo, Guido / Krings, Franciska / Hoffrage, Ulrich (2012): "Ethical Blindness"

[30] Henz, Patrick (2016): "Business Philosophy according to Enzo Ferrari"

Pac-Man Spielkonsole

Anfang der 1980er Jahre war Atari Silicone Valleys Liebling. Es war das erste Unternehmen, welches seine Programmierer und Spiel Designer als Pop Stars zelebrierte. Ein Konzept, welches später von anderen Firmen, wie z.B. Activision, übernommen und weiterentwickelt wurde. Letzter setzen diese Namen direkt unter die Spieletitel, ähnlich einem Kinoposter.

Howard Scott Warshaw war einer von Ataris talentiertesten Spieldesignern. Er kreierte *„Raiders oft the Lost Ark"* (das Videospiel zu dem Indiana Jones Film *„Jäger des verlorenen Schatzes"*) und *„Yars' Revenge"*. Beide Spiele waren außerordentlich erfolgreich, besonders der zweite. Dieser sollte Ataris bestverkauftes Spiel werden, welches nicht auf einer Lizenz (wie z.B. Pac-Man) beruhte.

„E.T. – Der Außerirdische“[31] bekam in 1982 eine Kinosensation und Ataris Muttergesellschaft Warner Brothers wollte dies mit einer globalen Merchandising Kampagne ausnutzen. Schließlich stimmte auch der Regisseur Steven Spielberg einer Videolizenz zu. Die Herausforderung beinhaltete hier, dass Atari nur 5 Wochen blieben ein Spiel zu entwickeln, um es im attraktiven Weihnachtsgeschäft anbieten zu können.

Dank seinen Erfolgen hat Warshaw genug Selbstbewusstsein die Aufgabe anzunehmen. Niemals zuvor wurde ein Spiel in so kurzer Zeit fertiggestellt, aber ihm gelang das Unmögliche. Leider war die Spielbarkeit in keinerlei Relation zu den hohen Erwartungen, so dass „E.T.“ als schlechteste Spiel aller Zeiten in die Geschichtsbücher einging.[32]

Der Ehrlichkeit halber, das Spiel war enttäuschend, aber nicht das schlechteste aller Zeiten, noch nicht mal Ataris schwächster Titel. Allerdings wurde es als solches empfunden, da Anspruch und Realität so weit auseinander lagen. Ende 1982 war auch ein Wendepunkt für Atari und die gesamte Videospielindustrie. Kurz danach verkaufte Warner Atari an Jack Tramel, welcher das Unternehmen umstrukturierte, um für die nächste Entwicklung gerüstet zu sein: die Revolution der Heimcomputer.

Warshaw nahm die unmögliche Aufgabe in Rekordzeit ein interessantes Videospiel zu entwerfen an. Mit seinem Misserfolg zerstörte er ein Must Win-Projekt, welches ein

---

[31] Spielberg, Steven (1982): "E.T. – The Extra Terrestrial"

[32] Penn, Zak (2015): "Atari: Game Over"

wichtiger Baustein in Ataris Untergang wurde, da es einen relevanten Schaden an der Firmenreputation anrichtete. Der andere Faktor war die Unterschätzung des neuen Konkurrenten, den Commodore C64.

Aus der Geschichte ist zu lernen, dass Unternehmen ein effizientes Risikokontrollsystem implementieren müssen. Ein Projekt ist immer eine Möglichkeit, wenn aber die adäquate Ausführung nicht sichergestellt ist, sollte Ethik dem Unternehmen raten, hieran nicht teilzunehmen. Negative Resultate beeinträchtigen die Reputation, können aber auch weiter direkte Strafzahlungen zur Folge haben. Ehrlichkeit ist ein Zeichen von Respekt, nicht nur zwischen Individuen, aber auch Organisationen.

Eine positive Unternehmenskultur integriert Erfolgssucher in interne Gruppen. Damit werden relevante Entscheidungen nicht alleine getroffen, aber unter Einbeziehung anderer Unternehmensteilen, inklusive Misserfolgsvermeidern. Smartphones, IT und Apps reduzieren die „wahrgenommene Isolation" der Vertriebsmitarbeiter. Selbst wenn diese sich nicht im Büro aufhalten, sind sie doch jederzeit mit der Entscheidungsgruppe verbunden.

Je nach Kultur kann Kontrollverlust als persönliche Schwäche ausgelegt werden. Dies ist eine relevante Barriere einfach zu fragen, wenn etwas nicht klar ist. Um „das Gesicht zu wahren" interpretiert das Individuum die Information, was zu falschen Einschätzungen führen kann. Um dem entgegenzuwirken hilft eine positive Unternehmenskultur, welche Neugier und Fragen als positive Werte propagiert. Ein weiterer Lösungsansatz kommt von IT. Die Chance eine Antwort seiner Fragen im

Intranet oder sogar mit einer mobilen App zu erhalten erlaubt Anonymität des Mitarbeiters und damit kein subjektiver Gesichtsverlust. Ein interessanter Gesichtspunkt ist so die erste Servicestufe (ähnlich externen Hotlines) zu automatisieren oder zumindest die Möglichkeit der automatischen Antwort anzubieten. In späteren Jahren kann dies durch Künstliche Intelligenz, wie z.B. Chatbots geschehen.[33]

[33] Henz, Patrick (2017): "Access Granted – Tomorrow's Business Ethics"

Wirtschaftspsychologie & Compliance

2.14 Die Magie der Worte

Fakten in eine Geschichte zu verbinden macht die Information anschaulicher für die Zuhörer und erhöht die Wahrscheinlichkeit, dass Worte gemerkt und Instruktionen später auch befolgt werden. Im Gegensatz zur reinen Übermittelung von Fakten, sind beim Zuhören einer Geschichte diverse Teile des Gehirns aktiv. Das Individuum kann die präsentierte Situation mit eigenen Erfahrungen verbinden und so Empathie entwickeln. Den Informationen werden Emotionen zugeordnet, so dass die Information automatisch relevanter wird und so abgespeichert wird. Geschichten beschränken sich nicht auf die reine Informationsübermittlung, sondern motivieren gleichzeitig zu einem gewünschten Verhalten.

Worte allein können aber schon positiv oder negativ wahrgenommen werden. Relativ unattraktive Jobpositionen erhalten von Zeit zu Zeit einen neuen Namen als Vermeidungswort. Dadurch wird kurzfristig die Position aufgewertet, falls dies aber der einzige Unterschied zu vorher war, bleibt der Effekt temporär und der neue positiv wahrgenommene Name wird negativ emotional aufgeladen. Allgemein sind attraktive Job Titel ein Teil des Einkommens. Dies da das Individuum nicht nur positiv von seiner Umgebung wahrgenommen werden möchte, sondern auch einen Druck zur positiven Selbstdarstellung fühlt.

Worte haben die Kraft Geschäftsrisiken zur steigern oder abzuschwächen. Thomas Watson, Gründer von IBM sagte eins, dass wirtschaften ein Spiel sei. Eine gefährliche Metapher, da Mitarbeiter ihre Aktionen unterbewusst als Teil eines Spieles wahrnehmen. Reale Konsequenzen werden unterschätzt.[34] Negative in positive Begriffe zu wandeln werden oft benutzt um Mitarbeiter zu negativen Taten zu motivieren. „Nützliche Aufwendung“ klingt besser als „Bestechung“. Bei niedrigem Involvement oder fehlender Empathie für die potentiellen Opfer, versteht das Individuum die Bedeutung der Worte, allerdings wird sein oder ihr Gewissen nicht damit belastet, da durch den positiven Begriff man sich selbst beruhigen kann.

Eine andere Atmosphäre wurde von Atari CEO Jack Tramiel geschaffen: *„Geschäft ist Krieg.“* Ethik und Unschuld sind zumeist die ersten Opfer eines Krieges, so dass die Gefahr besteht, dass Mitarbeiter Soldaten gleich ihre Aufgabe verfolgen und so Anweisungen nicht hinterfragt werden.

[34] Bradberry, Travis (2017): "14 Psychological Forces That Make Good People Do Bad Things"

2.15 Compliance macht glücklich

"Die Verwirklichung unseres Glücks ist der einzige moralische Zweck unseres Lebens, und Glück, nicht Schmerzen oder sinnlose Zügellosigkeit, ist der Beweis unserer moralischen Integrität, dieses ist der Beweis und das Ergebnis unserer Loyalität zur Erreichung unserer Werte."

Diese komplexe Aussage der US-amerikanischen Philosophin Ayn Rand kann definiert werden:

- Wir haben zwei gegeben Variablen: „Werte" und „Verhalten". Normalerweise sollte unser Verhalten von den Werten motiviert sein und so auf denen basieren. Dies ist aber nicht immer der Fall. Die Stärke der Variablen (und deren abgeleiteten Einstellungen) bestimmt wie einfach ein von den Werten abweichendes Verhalten an den Tag gelegt werden kann, z.B. durch Versuchungen und andere dringende Bedürfnisse. Werte und Einstellungen werden in den verschiedenen Stufen der Sozialisation gelernt.
- Das Zitat basiert nicht nur auf ihrer eigenen Philosophie, sondern vielmehr auch auf einer psychologischen Theorie. Wenn die eigenen Werte nicht mehr kompatibel mit dem eigenen Verhalten sind, fühlt sich das Individuum außerhalb seiner oder ihrer gefühlten inneren Harmonie. Basierend auf Leon Festingers *„Theorie der kognitiven Dissonanz"*[35], nimmt die Person einen inneren Druck wahr um wieder diesen ausgeglichenen Zustand herstellen. Um dies zu

[35] Festinger, Leon (1957): „A Theory of Cognitive Dissonance"

erreichen, können eine der beiden Variablen „Werte" und / oder „Verhalten" angepasst werden. Normalerweise sollten die Werte stärker ausgeprägt sein, so dass das Verhalten angepasst wird. Falls aber die Person mehrmals ein von den Werten abweichendes Verhalten, oder ein solches bei einer wichtigen Entscheidung, zeigt, ist diese nicht mehr sicher was die eigenen Werte sind. Von den wahrgenommenen Verhalten wird auf die Werte geschlossen. Dementsprechend bleibt das Verhalten gleich und die Werte werden verändert. Durch dieses logische (kognitive) Verhalten ist das Individuum wieder in Harmonie zwischen Werten und Verhalten. Der innere Druck wurde abgebaut.

- Jede Person fühlt ein Bedürfnis nach einem positiven Selbstbild. Hierbei werden die eigenen Werte und das eigene Verhalten, mit denen der Gruppe verglichen. Wenn diese nicht kompatibel sind, fühlt die Person einen Druck sich anzupassen. Bei starken Werten kann allerdings auch die Gruppe gewechselt werden.
- **Integrität wird definiert als wertebasierendes Verhalten. Wenn Werte und Verhalten sich in Harmonie befinden, wird dies auch von dem Individuum so empfunden.**

Diese These ist mehr als nur theoretische Schlussfolgerungen. Ein kontrolliertes Experiment hat Ayn Rand bestätigt, da die aktive Entscheidung die Anfrage von Bestechungsgeldern abzulehnen zu einem positiven Gefühl führte.[36]

---

[36] Jaber-Lopez, Tarek / Garcia-Gallego, Aurora / Perakakis, Pandelis / Georgantzis, Nikolaos (2014): "Physiological and behavioral patterns of corruption"

Starke innere Werte und Einstellungen bereiten eine Person darauf vor, bei externen Versuchungen und risikohaften Umfeld zu widerstehen. Hierbei werden Einstellungen nur aktiviert, wenn die entsprechende Situation eintrifft. Z.B. wird die Einstellung „nicht zu stehlen“ (abgeleitet von dem Wert „Ehrlichkeit“) nur aktiviert, wenn eine Situation die Möglichkeit zum Stehlen bietet. Dies ist insbesondere relevant, da sich Mitarbeiter nicht immer in einem sicheren Umfeld bewegen, wie z.B. innerhalb des gewohnten Büros, sondern vielmehr auch in abgelegenen Projekten.

Enzo Ferrari beschrieb sich selbst als stur, was die meisten Personen, welche mit ihm zu tun hatten, auch bestätigten. Sturheit, positiv definiert, schließt auf starke Werte und dementsprechendes Verhalten, oder kurz: Integrität. Enzo selber bestätigte dies durch sein Zitat: *„Man muss den Mut aufbringen und sich seinen Kritikern stellen.“*

2.16 Die selbsterfüllende Prophezeiung

Die beiden Sozialpsychologen Robert Rosenthal und Leonore F. Jacobson haben festgestellt, dass Experimentleiter unbewusst den Ausgang beeinflussen können.[37] Die Ergebnisse eines Experiments bestätigen so automatisch die originale These des Forschers. Dieses Risiko ist besonders bei aktiver Beobachtung gegeben, wo ein Untersuchungsleiter mit den Probanden in direktem Kontakt steht.

Die selbsterfüllende Prophezeiung, auch „Pygmalion Effekt" genannt", kann eine positive Unternehmungskultur unterstützen. Behandelt Mitarbeiter A Mitarbeiter B mit Respekt, bestätigt er damit Bs positive Selbsteinschätzung, dass er eine respektvolle Person ist. Diesen Wert unterstellend, behandelt nun B A wiederum respektvoll. A beobachtet jetzt Bs respektvolles Verhalten und schließt daraus, dass B eine respektvolle Person ist. Ein Kreislauf ist geschaffen. Falls dieser noch nicht besteht, ist es Aufgabe des Managements, inklusive seiner Compliance Abteilung, die Mitarbeiter des Unternehmens respektvoll zu behandeln. Dies beinhaltet den täglichen Alltag mit all seinen wiederholenden Anforderungen, aber auch Investigationen.

Dies klingt wie eine Selbstverständlichkeit, kann aber energieaufreibend sein. In der notwendigen Auszeit sollte sich die Compliance Mitarbeiter daher regelmäßig hinterfragen, ob sie noch über die notwendige Motivation für die Position verfügen. Falls nicht, sollte eine Job Rotation in Erwägung

[37] Rosenthal / Jacobson (1968): "Pygmalion in the Class Room"

gezogen werden.

Wenn die Motivation gegeben ist, kann durch entsprechendes respektvolles Verhalten ein Wechsel von der relativ kleinen Compliance Abteilung ausgehen. Hierbei beschränkt sich Respekt nicht nur auf Kommunikation und eigenes Verhalten. Falls notwendig, muss Management und Compliance respektloses Verhalten sanktionieren, egal von welchem Level dies ausgeht.

Wirtschaftspsychologie & Compliance

2.17 Schwarmintelligenz

Unabhängig vom Element existieren Schwärme. Dies kann eine Gruppe von Vögeln, Zebras oder Fischen sein. Eine komplexe Nummer von Individuen bewegen sich wie eins. Dies ist nicht nur effektiv, sondern für den Zuseher auch ästhetisch.

Moderne Unternehmen streben eine "Demokratisierung des Managementstils" an. Im Gegensatz zu früheren Jahren stehen Manager nicht mehr über dem Team, sondern habe eine führende Position innerhalb der Gruppe.

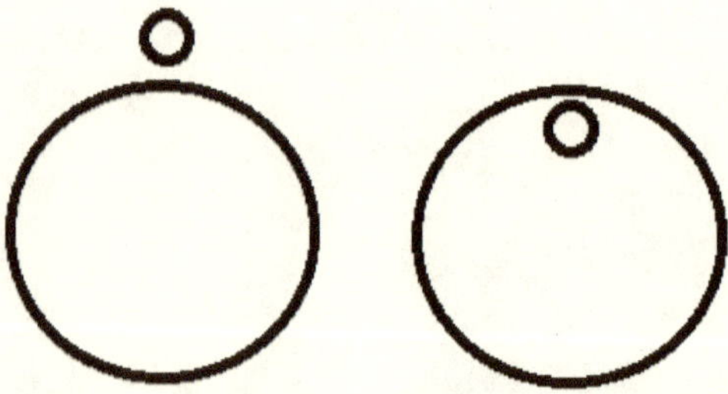

Mitarbeiter sind gestärkt Kommentare, selbst gegenteilige Meinungen, gegenüber ihren Managern zu äußern. Weniger autokratische Führungsstile führen zu einer positiven Arbeitsatmosphäre und dank der Pluralität fließen mehr Meinungen und Erfahrungen in den Entscheidungsprozess ein.

Damit ist klar, dass Manager nicht oberhalb der Unternehmensrichtlinien stehen. Bei Verstößen sind sie Subjekt von disziplinären Sanktionen, gleich allen anderen Mitarbeitern.

Dieses Umdenken gegenüber früher kann allerdings aber auch zu neuen Ethik & Compliance Risiken führen. Direktoren, die oberhalb der Gruppe standen, waren dementsprechend geschützt gegenüber Gruppendruck. Moderne Manager, welche sich innerhalb der Gruppe positioniert sehen, können von solch einem Druck beeinflusst werden. Eine Studie der US-amerikanischen *„Vanderbild University's Owen Graduate School of Management“* kommt zu dem Schluss, dass selbst hohe Management Level basierend auf Gruppendruck Gesetze und Richtlinien umgehen könnten, falls diese das Verhalten als für die Gruppe als nützlich erachten. Je mehr sich der Manager mit der Gruppe identifiziert, desto höher ist dieses Risiko.[38]

Das Risiko wurde identifiziert und es hängt am Unternehmen, seine Mitarbeiter dementsprechend vorzubereiten. Management Trainings sollten nicht nur Soft- und Hard-Skills erklären, sondern weiter auch die diversen psychologischen Effekte. Entsprechendes Bewusstsein ist der beste Schutz.

Wie ein Schwarm kann eine Gruppe von Individuen gleich einem einzelnen handeln. Bei Korruptionsfällen sagen die potentiellen Täter oft aus, dass sie dachten dies für das Unternehmen zu tun. Unklare Regelungen und fehlende Aussagen des Top Management können solche Denkweisen provozieren. Dadurch verdrängen die Individuen, dass eine Bestechung ihnen auch immer direkte persönliche Vorteile erbringt, wie z.B. für die jährliche Zielerreichung.

---

[38] Dishman, Lydia (2017): "Why Becoming A Leader Makes Some People More Unethical"

Falls ein solcher Verstoß bekannt wird, müssen solche Mitarbeiter erkennen, dass die Organisation sich in erster Linie selbst schützt. Die Schuld des Systems wird nicht anerkannt, vielmehr versucht, den Mitarbeiter als Einzeltäter darzustellen. Dementsprechend erhält der einzelne auch keine Unterstützung durch die interne Rechtsabteilung. Im Gegenteil, diese wird konsequent handeln um das Unternehmen zu schützen und versuchen glaubhaft darzulegen, dass die Organisation ihr bestes tat um den Mitarbeiter bzgl. Gesetzen und Richtlinien zu informieren. Ein interessanter Punkt um in den Compliance Workshops auch an die Mitarbeiter zu kommunizieren.

2.18 *„Was nichts kostet, ist auch nichts"*

Besonders bei Gütern, wo der einzelne nicht schnell die Qualität selbst einschätzen kann, werden andere Faktoren hinzugenommen um diese zu beurteilen. Häufig nimmt man die Reputation des Produkts oder Herstellers hierfür. Eine weitere Möglichkeit ist der Preis. Beruhend auf der eigenen Erfahrung schließt das Individuum das Qualität und Preis positive korrelieren. Dies auch beruhend auf der Theorie das höhere Qualität auch kostspieligere Teile und teurere Arbeitsstunden benötigt. Wird ein Produkt erst als qualitativ hochstehend eingeschätzt, der Preis aber als zu niedrig, werden Überlegungen angestellt, was an dem Produkt nicht stimmen könnte. Z.B. könnte es gestohlen sein oder das Produkt simuliert eine Qualität, welches es in Wirklichkeit gar nicht hat.

Die Compliance Abteilung verfügt über wertvolle Information. Falls sie das gesamte Wissen über die diversen Kommunikationskanäle veröffentlicht und es den Mitarbeitern praktisch so aufzwingt, werden diese eine Abneigung dagegen aufbauen. Emails werden z.B. direkt in den Spam-Filter gezogen. Dies da die Information nichts kostet und als wertlos eingeschätzt wird. Selbst falls diese innere Mauer nicht errichtet wird, führt die Informationsüberflutung zu der Situation, dass nur ein Bruchteil davon aufgenommen werden kann. Compliance sollte daher selektiv kommunizieren. Relevante Information kann beschränkt an einzelne Jobgruppen gesendet werden. Weiter ist es auch nicht nötig direkt das Wissen zu vermitteln, sondern vielmehr zu kommunizieren, welche Information in der Compliance Abteilung vorhanden sind. Die Mitarbeiter, welche diese benötigen, wissen jetzt an wen sie sich wenden können um diese zu erhalten. Dies auch, um ihr persönliches Risiko zu minimieren und den Geschäftserfolg zu erhöhen. Die „Push-" hat sich in eine „Pull-Strategie" gewandelt.

2.19 Das Monster in uns

Direktor Ridley Scott brachte 1979 einen Film in die Kinos, welches ein neues Genre definierte und dementsprechend eine Reihe von Nachfolgern nach sich zog. Seinen Kultstatus erzielte *„Alien"*[39] auch durch die Mitarbeit des Schweizer Malers und Bildhauers H.R. Giger, welcher die außerirdische Kreatur entwarf. Die Grundidee des Films ist schnell erzählt. Das außerirdische Monster tötet die Raumschiffbesatzung einen nach den anderen, bis nur noch Ripley übrigbleibt.

Doch es bedarf nicht immer eines externen Monsters. Das *„Biosphere 2"* –Projekt simulierte in den 1990er Jahren eine geschlossene Biosphere ohne Kontakt zur Außenwelt, ähnlich wie eine zukünftige Marskolonie funktionieren würde. Das Experiment sollte zwei Jahre laufen, allerdings mussten beide Anläufe frühzeitig abgebrochen werden. Das erste Mal wegen niedrigerer Oxygen Level und das zweite Mal aufgrund von Missmanagement und potentieller Sabotage durch einzelne Mitglieder.[40] Auch wenn die geplanten Zeiträume nicht erreicht wurden, gaben beide Umläufe wichtige Information für die Wissenschaftler und Weltraumagenturen. Eine lange Mission ist nicht nur eine technische Herausforderung, sondern auch eine menschliche.

---

[39] Scott, Ridley (1979): "Alien"

[40] Mellino, Cole (2015): "The World's Largest Earth Science Experiment: Biosphere 2"

W. Edwards Deming definierte Mitarbeiter als Fokus des Systems.[41] Daher ist klar, dass nicht nur ein schlechtes System eine Person negativ beeinflussen könne, sondern dies auch durch andere Mitarbeiter passieren kann.

Eine Abteilung, wie ein Team, kann nicht nur als eine Ansammlung von Talenten funktionieren, aber die Individuen müssen zusammenpassen. Falls dies nicht der Fall ist, arbeiten die Mitarbeiter nicht zusammen, sondern mehr oder weniger offen gegeneinander. Dies widerspricht nicht nur den Unternehmenswerten, sondern kann auch zu Verstößen von Richtlinien oder gar Gesetzen führen. Diversion innerhalb von Gruppen ist wünschenswert, besonders wenn die einzelnen Mitglieder sich positive ergänzen. Falls dies nicht der Fall ist, können *„Team Building“* –Ansätze helfen. Wenn nicht, sollten Mitarbeiter rotiert werden.

---

41 Deming, William (2000): "The New Economics for Industry, Governance, Education"

DREI - FAZIT

3.1 Impfungen

Wenn wir Apple mit einem Wort beschreiben müssten, würden wie eventuell „Kreativität" benutzen. Im Gegensatz erklärte Steve Jobs eins, dass Apple ein diszipliniertes Unternehmen sei. Da Kreativität oft mit Chaos verbunden wird, auf dem ersten Blick ein Widerspruch. Das Gegenteil ist der Fall.

Klare Regelungen innerhalb eines Unternehmens definieren den Spielraum. Der Mitarbeiter sieht die rote Linie und weiß genau, in welchem Bereich er oder sie sich sicher aufhalten kann. Dieser Raum ist geschützt und kann kreativ ausgelebt werden. Lounges, Billardtische und andere Annehmlichkeiten, welche wir von IT Unternehmen kennen, befinden sich in solch sicheren Bereichen, geschützt von transparenten Richtlinien.

Wenn solche Vorgaben fehlen, ist nicht erkennbar wo sich die rote Linie befindet. Um unnötiges Risiko zu vermeiden, werden Mitarbeiter versuchen, sich nicht dem Bereich zu nähern, wo die Grenze vermutet wird. Aus einer einfachen Linie ist eine graue Region geworden. Als Resultat hat sich die Zone der sicheren Kreativität verkleinert, Chaos beeinträchtigt Kreativität.

Für Unternehmen oder andere Organisationen ist es daher vorteilhaft via seine Richtlinien den Mitarbeitern bestmöglich zu definieren, was erlaubt ist und was nicht. Dies nicht nur mit den Dokumenten, sondern weiter auch wie diese von dem

Management gelebt werden („Tone from the Top"). Auf der anderen Seite ist es aber niemals möglich alle potentiellen Situationen, in welche ein Mitarbeiter kommen kann, im Vorab zu definieren. Die Angestellten müssen daher entsprechende Ethik & Compliance Trainings erhalten um potentielle Gefahrensituationen erkennen zu können und darüber hinaus ihre Werte zu festigen. Ziel ist, dass alle Mitarbeiter einen ethischen Kompass erhalten, um in grauen Bereichen den Überblick zu behalten und so abschätzen zu können, wo die rote Linie entlangläuft.

Das Problem ist erkannt und kann angegangen werden. Ein garantierter Schutz ist nicht möglich, ähnlich einer Impfung können wir Abwehrkräfte stärken, aber dies ist keine 100% Versicherung, dass wir nicht trotzdem einem psychologischen Druck unerkannt nachgeben. Jeden kann es treffen, diese Einsicht ist ein wichtiger Schritt das Problem nicht zu unterschätzen und auf der Hut zu bleiben.

Eine positive Unternehmenskultur propagiert Verantwortlichkeit, jeder Mitarbeiter ist 100% für die Auswirkungen seiner Taten verantwortlich, egal ob positiv oder negativ. Mitarbeiter werden wie Erwachsene behandelt und so ist von Anfang an klar, dass potentielle Fehlentscheidungen nicht auf andere abgewälzt werden können.

Weiter ist es im Interesse des Unternehmens, dass nicht nur dessen Werte bekannt sind, sondern auch gelebt werden. Häufig sind diese noch von Gründer abgeleitet und definieren so die Firmenkultur. Werte müssen erklärt werden und mit praktischen Beispielen verbunden. Einstellungen beruhen auf den Werten und führen bei relevanten Situationen zu abgeleiteten Aktionen.

Da sie guter Sportler sind und im Endeffekt auch von der Gruppe abhängen, verfügen Rennfahrer über den Wert „Fairness“. Dies beinhaltet nicht nur selbst fair zu sein, sondern auch das andere Dich fair behandeln. Falls dies nicht der Fall ist, gibt es Wege das Thema zu eskalieren. Der Wert ist gegeben und eine entsprechende Einstellung wäre, nicht *„sich nicht gegenseitig in die Autos zu fahren“*. Auch nicht wenn es das letzte Rennen der Saison ist und die einzige Möglichkeit wäre die Meisterschaft doch noch zu gewinnen. Die meisten Fahrer waren bisher noch nicht in so einer Situation und wahrscheinlich werden sie es auch nicht in eine solche kommen. Daher haben sie auch noch nicht darüber nachgedacht, wie sie sich bei einem solchen Duell verhalten sollten. Nach einer langen Saison kann es als fair angesehen werden, dass man selbst den Titel verdient hat und man kann recht einfach Argumente finden, selbst ein „unfaires“ Manöver zu rechtfertigen:

- Der Titel ist nicht nur für mich, sondern für das ganze Team, welches eine herausragende Arbeit geleistet hat.
- Mein Konkurrent hat ein besseres Auto, aber ich bin der bessere Fahrer.
- Mein Konkurrent hat das gleiche letztes Jahr mit mir gemacht.
- …

Aber sicherlich gibt mehr Argumente gegen ein solches Manöver:

- Millionen von Motorsport Fans invertieren Zeit und Geld in ihr Hobby und haben ein faires Rennen verdient.

- Der andere Fahrer ist in der gleichen Situation, so hätte auch den Sieg verdient.
- Aufgrund der hohen Geschwindigkeit sind Unfälle gefährlich. Nicht nur für die Fahrer, aber auch die Zuschauer.
- Unfaire Attacken unterlaufen die Glaubwürdigkeit des Sports und alle verlieren.
- Piloten müssen sich an die Richtlinien halten, ansonsten folgen Disqualifikationen.
- Rund um die Rennstrecke sind diverse Kameras. Sicherlich werden die Rennstewards die Situation analysieren und mich später disqualifizieren.

Risikosituationen können in Rollenspielen und / oder Falldiskussionen analysiert werden, inklusive den Pros und Kontras. Mitarbeiter sollen selber zu dem Schluss kommen, dass es sich nicht lohnt, einen Unfall zu provozieren, da der der Erwartungswert hier unterhalb des Resultats bei fairem Verhalten liegt.

Aus dem Training hat man ein Skript entwickelt, wie man sich für den Fall Verhalten würde, doch einmal in diese Situation zu gelangen. Da das Szenario daher nicht unbekannt wäre, kommt man nicht in die gefährliche Panikzone und verhält sich konform dem gelernten. Analog einer Impfung hat der Mitarbeiter Antikörper gebildet.

3.2 Unternehmenswerte

In einem Interview mit der Formel 1 Organisation antworte Ferrari Pilot Sebastian auf die Frage mit welchen drei Menschen (noch lebend oder nicht) er gerne zu Abend essen würde *mit Enzo Ferrari, Audrey Hephurn und Albert Einstein. Dies sollte eine interessante Unterhaltung werden.*[42]

Für ein Unternehmen ist es der Idealfall, dass sich Mitarbeiter mit dem Firmengründer identifizieren. Für letztere war das Unternehmen nicht nur eine Quelle zur Finanzierung, sondern meistens auch Voraussetzung um eigene Produkte herzustellen und zu vertreiben. Dies oft kombiniert mit dem Anspruch, den Markt voranzutreiben. Enzo Ferraris Idee war es den ultimativen Sportwagen herzustellen. Die Fahrer hatten damit ein sportliches Gefährt für die Woche, mit welchem man am Wochenende auch an Rennen teilnehmen konnte.

Anhand von Enzo Ferraris Biographie kann man erkennen, dass die heutigen Ferrari Unternehmenswerte[43] direkt von ihm und seiner Unternehmensphilosophie[44] abgeleitet wurden:

- Individuum & Team
- Emotion & Integrität
- Tradition & Innovation
- Passion & Exzellenz

---

[42] Formula1 (2017): "The Secret Life of... Sebastian Vettel"

[43] Ferrari (2017): "Values"

[44] Henz, Patrick (2016): "Business Philosophy according to Enzo Ferrari"

Basierend auf den Werten, erstellt die Organisation einen Verhaltenskodex. Hierauf beruhen wiederum alle weiteren Regelungen des Unternehmens. Eine positive Unternehmenskultur ist wünschenswert, da nicht alle Situationen vorher schriftlich definiert werden können. Wenn Mitarbeiter in eine neue Gegebenheit kommen, für welche es noch keine Regelung existiert, verhalten sie sich konform den Unternehmenswerten, so ähnlich wie es eine potentielle Vorschrift geregelt hätte. Hierbei vorausgesetzt, dass das Individuum über das Wissen und Erfahrung verfügt, die Situation richtig zu interpretieren. Zusammengefasst in der folgenden Gleichung, wobei all drei Faktoren nicht nur fortlaufend gestärkt, sondern auch kontrolliert werden müssen:

Vorbereitung + Werte + Regelungen = Nachhaltigkeit

Wie Obi Wan-Kenobi im Krieg der Sterne erklärte: *„Die Macht kann großen Einfluss haben auf den Geist des Schwachen."* Die mentalen Fähigkeiten der Macht sind hier vergleichbar mit den psychologischen Bias. Ethische Impfungen, Stärkung der Unternehmenswerte und Involvement sollen den Geist der Mitarbeiter stärken.

VIER - LITERATURVERZEICHNIS

- Asch, Solomon (1951): "Effects of group pressure on the modification and distortion of judgements"
- Bourdain, Anthony (2017): "Barack Obama, Anthony Bourdain chew the fat in Hanoi": http://www.cnn.com/2016/09/22/travel/bourdain-parts-unknown-obama-hanoi/
- Bradberry, Travis (2017): "14 Psychological Forces That Make Good People Do Bad Things": https://www.inc.com/travis-bradberry/14-psychological-forces-that-make-good-people-do-bad-things.html
- Clarke, Arthur Charles (1968): "2001: Space Odyssey"
- Deming, William (2000): "The New Economics for Industry, Governance, Education"
- Earling, A. (1996): "The Tetris Effect: Do computer games fry your brain?"
- Ferrari (2017): "Values": http://corporate.ferrari.com/en/career/values
- Formula1 (2017): "The Secret Life of... Sebastian Vettel": https://www.formula1.com/en/latest/interviews/2017/4/the-secret-life-of-sebastian-vettel.html
- Granz, Gene (2009): "Failure is not an Option"
- Henz, Patrick (2016): "Business Philosophy according to Enzo Ferrari"
- Henz, Patrick (2017): "Access Granted – Tomorrow's Business Ethics"
- Henz, Patrick (2017): "Compliance is a Race Car."
- Hirschbiegel, Oliver (2002): "Das Experiment"
- Hunter, John (2012): "Managing Human Systems": https://blog.deming.org/2012/10/psychology-managing-human-systems/
- Lucas, George (1977): "Star Wars"
- Lucas, George (1980): "The Empire strikes back"
- Marshal, Charles (2003): "Shattering the Glass Slipper"
- Marshall, Charles (2012): "Where is the man who will do the right thing, no matter what the cost?": http://charlesmarshall.net/where-is-the-man-who-will-do-the-right-thing-no-matter-what-the-cost/
- Martin, Jennifer L. (fetched 29.4.2017): "Travel & Jet Lag": http://www.sleephealthylivewell.com/Travel___Jet_Lag.html
- Mellino, Cole (2015): "The World's Largest Earth Science Experiment: Biosphere 2": https://www.ecowatch.com/the-worlds-largest-earth-science-experiment-biosphere-2-1882107636.html

- Milgram, Stanley (1963): "Behavioral Study of Obedience"
- Palazzo, Guido / Krings, Franciska / Hoffrage, Ulrich (2012): "Ethical Blindness"
- Pavlov, Iwan Petrowitch (1910): "The Work of the Digestive Glands"
- Penn, Zak (2015): "Atari: Game Over"
- UDLAP (2015): "Índice Global De Impunidad (IGI) 2015": http://www.udlap.mx/cesij/files/igi2015_ESP.pdf
- U.S. Securities and Exchange Commission (2015): "SEC Charges BHP Billiton With Violating FCPA at Olympic Games": https://www.sec.gov/news/pressrelease/2015-93.html
- Rosenthal / Jacobson (1968): "Pygmalion in the Class Room"
- SAI GLOBAL (2017): "SAI GLOBAL LAUNCHES NEW STRESS-RELIEVER FOR COMPLIANCE OFFICERS": https://www.saiglobal.com/en-au/news_and_resources/sai_global_news/compliance_colouring_book/
- Scott, Ridley (1979): "Alien"
- Seligman, Martin / Maier, Steve (1967): "Failure to escape traumatic shock"
- Spielberg, Steven (1982): "E.T. – The Extra Terrestrial"
- Williams, Florence (2017): "This is Your Brain on Nature": http://www.nationalgeographic.com/magazine/2016/01/call-to-wild/
- Wright, Robert (2001): "Nonzero - The Logic of Human Destiny"
- Zimbardo, P.G. (1971): "The power and pathology of imprisonment"

Patrick Henz

Unternehmensphilosophie nach Enzo Ferrari

"Eine Inspiration für Manager und alle, die interessiert an Enzo Ferraris Leben sind."

Geboren 1898 in der norditalienischen Stadt Modena, Enzo Ferrari lebte seinen Traum und gründete den bekanntesten Sportwagen Hersteller der Welt. Das Buch analysiert, wie er dieses Ziel mit modernen Ideen und Konzepten erreichte. Oder wie Führungstheorien, Emotionelle Intelligenz, Unternehmensethik, Kundenorientierung und Nachhaltigkeit schon Anfang des letzten Jahrhunderts existierte. In seinen eigenen Worten, und Parallelen zur italienischen Geschichte aufzeigend, dachte er, dass er in der falschen Zeit lebte. Aber wenn wir Il Commendatores Sonnenbrille abnehmen, sehen wir, dass er ein überraschend moderner Unternehmenslenker war, welcher bewusst oder nicht, die aktuellsten Unternehmens- und Führungsmodelle benutzte. Dies bestätigt durch Schlüsselentscheidungen seines Unternehmens, inklusive der Rennabteilung.

Dieses Buch ist die sechste englische Ausgabe inklusiver einem deutschen Vorwort.

3.Auflage (2017), 356 Seiten.

Pepe, der rote Rennwagen

Pepe, der rote Rennwagen war Anfang der 50er Jahre auf dem besten Weg die Weltmeisterschaft zu gewinnen. Doch plötzlich scheint es so, als ob sein Widersacher John mit Hilfe eines ganz in grau gekleidetem Offiziellen ihm diesen verdienten Titel wegschnappen kann. Aber Pepe gibt nicht klein bei und währt sich! Eine spannende und benzin- geladene Geschichte, welche lose auf wahren Tatsachen beruht.

1.Auflage (2016), 30 Seiten.

FUENF – DER AUTOR

Patrick Henz startete seine Compliance Karriere Ende 2007, als er verantwortlicherer Implementierungsmanager in Mexiko, Mittelamerika und der Karibik war. Mit diesen Aufgaben erhielt er wertvolle Einsichten in globale Compliance Programme, mit Fokus auf Lateinamerika. Seit 2009 als Compliance Officer ist er verantwortlich für ein System, basierend auf Vorbeugung, Erkennung und Reaktion. Hiermit definiert er Compliance als eine proaktive Unternehmensfunktion, welche auch Industrie 4.0 und Künstliche Intelligenz beinhaltet.

Dies beinhaltet eine kontinuierliche Planung und Ausführung eines Compliance Risk Assessments und anderer globaler Prozesse. Er propagiert Compliance als Teil der Nachhaltigkeitsstrategie und diskutiert dies bei diversen Konferenzen und Universitäten. Weiter war er Koautor der mexikanisches Ethik & Compliance-Handbuchs, herausgegeben in 2014.

Seit 2013 lebt und arbeitet er in Atlanta, USA.

www.ingramcontent.com/pod-product-compliance
Lightning Source LLC
Chambersburg PA
CBHW021409170526
45164CB00002B/571

* 9 7 8 1 5 4 7 0 8 1 9 5 0 *